JN056102

「満蒙開拓民」の悲劇を超えて

大類善啓
編著

批評社

はじめに

満蒙開拓団の悲劇を超えて

～中国ハルビン市方正県日本人公墓建立の物語～

大類善啓

一九九三年七月、私は初めて中国ハルビン市方正県にある日本人公墓の前に立った。その時の感慨は三〇年ほど経った今でも鮮明に私の心に残っている。

方正県郊外の山の高台にある二つの公墓を見ながら、日本が逆の立場だったら、中国人たちの墓を建てたであろうかと思ったのだ。たぶん建てることはないだろう。そう思うと、ますますこの公墓の存在が大きく私の中に住み着いたのだった。

二つの公墓とは、「方正《ほうまさ》地区日本人公墓」であり「麻山《まさん》地区日本人公墓」である。そして方正には実はもう一つ、残留孤児を育ててくれた中国の養父母たちを祀る「中国養父母公墓」がある。残留孤児だった日本人が日本に帰国後、事業にも成功したあと、中国人の養父母への報恩のために建てた墓である。ちなみに旧満洲にいた日本人たちは、「方正」を〈ほうまさ〉と呼んだ。同じ黒龍江省に宝清県というところがあり、この地と方正は中国語でははっきりと発音は違うが、日本語では通常、どちらも「ほうせい」と呼ぶだろう。そこでこの二つを区別するために人々は、方正を「ほうまさ」と呼び、宝清を「ほうせい」と言って区別したのだった。そこで私たちもここを「ほうまさ」と呼んでいるのである。

なぜ方正に日本人公墓があるのか？

さて、この方正にある二つの墓を説明するには、言わばその前史を確認しておく必要があるだろう。

そもそも満洲とは日本の傀儡国家だった「満洲国」、いわゆる旧満洲地区に、当時の日本政府は国策として多くの「開拓民」を送り出した。「開拓」と言っても中国人たちの土地を、関東軍の武力を背にして安く買いたたいて入手する一方、関東軍が土地を奪って「開拓民」たちに与えたのだ。それは農民が行った「開拓」ではない、文字通り武力を背景にした侵略である。

日露戦争（一九〇四～一九〇五）に辛うじて勝利した日本は、ロシアから遼東半島の南端にある旅順、大連の租借権と、長春から大連までの東清鉄道南満支線などの経営権を手に入れ、一九〇六年には南満洲鉄道株式会社を政府と民間の出資によって大連に設立した。世に言う満鉄であり、日本の満洲進出の拠点としての国策会社である。その後満鉄は、鉄道、鉱山、製鉄事業を中心とした一大コンツェルンに成長していく。

また、遼東半島の租借地を「関東州」と称した。旅順・大連地区である。そして、この地を守る軍隊を一九一九年、「関東軍」として独立させたのである。

日露戦争後、満洲在住の日本人は激増した。日露戦争前は、一九〇〇人程度だったが日露戦争に勝利した後は、三八、〇〇〇人近くに増えたという。ほとんどは満鉄の社員とその家族、他は関東庁の役人や彼らを顧客とする商売人たちである。

一九二九年には、満洲移民の専門会社である「大連農事株式会社」が設立された。満鉄の出資会社である。

〝満洲事変〟そして〝満洲国〟へ

一九三一年九月一八日の夜、関東軍は奉天（現、瀋陽）郊外の柳条湖で満鉄の線路を爆破した。いわゆる柳条湖事件である。自作自演だが関東軍は「中国軍の仕業だ」と言い募り、軍事行動を起こしたのだ。それ以降、満鉄沿線の主要都市を次々と占領し、中国東北地方を支配した。日本の占領に対して諸外国は批判し、国際連盟はリットン調査団を満洲に派遣した。

リットン調査団とは、イギリスの第二代リットン伯爵ヴィクター・ワルター・リットンを委員長とする国際連盟日支紛争委員会の通称である。

調査団は三カ月に亘って、日本、「満洲国」、中華民国の各地を調査し、いわゆるリットン報告書を国際連盟の理事会に提出し、日本政府にも報告書を送り外務省は公表した。その重要な主点は、「柳条湖事件及びその後の日本軍の活動は、自衛的行動とは言えない」というものだったが、一九三二年、関東軍は「満洲国」を建国し、長春を新京と改名して首都にした。そして、関東軍は清朝最後の皇帝である愛新覚羅溥儀を天津の日本租界で庇護していたが、「満洲国皇帝」として担ぎ出すべく溥儀を長春に連れ出し、「ラストエンペラー」と後年言われるように皇帝にしたのだった。

当時の満洲の人口はおよそ三、四〇〇〇万人、そのうち日本人は約二三万人だった。その「満洲国」では〈五族協和〉を謳い、〈王道楽土〉と称した。五族とは、漢族、満洲族、蒙古（モンゴル）族、朝鮮族、日本人を指し、これら五族は平等であると言ったが、お題目だけで実体は日本人の支配だった。独立とは名ばかりの文字通り、日本の傀儡国家である。

中国の民衆は当然ながら激しく抵抗し、東北義勇軍による「反満抗日」の武装闘争が展開された。これらを鎮圧するために日本から武装移民を送り込み、植民地支配を強化しようとした。満洲への移民は当初は「武装移民」だったのである。

時に今でも、かつて満洲の大都会で優雅に過ごしていた日本人や「開拓民」を語る人の中には、

「開拓民」を攻撃した現地人を匪賊だったという人たちもいるが、まさに彼らはいわば義賊と言ってもいいような、支配者である植民者、日本国家に対するレジスタンスに立ち上がった人たちだったのである。

私が親しくしていた元満洲国の、ある県の副県長をしていた人に晩年、私が若い時から関心を持っていた中国の秘密結社である青幇《チンパン》、紅幇《ホンパン》について尋ねたことがあった。それは親しくしていた六人ほどの会食の時、たまたま隣になり、小さな声で聞いたのである。一九九〇年当時でもこの種の秘密結社について大っぴらに言えないだろうと私は思ったのだ。ちなみにその人はすでに黄泉の国の住人である。私がこんな質問をしたとはテーブルにいた他の人は誰も聞いてはいなかったであろう。副県長と言っても当時の県のトップである。当時の「満洲国」の県長は漢族か満族であったろうが、実権を持つ副県長は日本人なのである。

その時、氏がどう答えたか覚えてはいない。ところが翌日に彼は、休日の自宅に電話をかけてきて、「昨日の話だがね……」と言って、実は自分が青幇の一員だったことを明かしたのだった。そして青幇の一員になり、その地の青幇のボスと話し合い、彼がいた県をまるく治めることができたのだと語ったのである。そしてこうも付け加えた。私が愛読した石光真清《いしみつまきよ》の四部作『城下の人』『曠野の花』『望郷の歌』『誰のために』を挙げ、石光真清があれだけ大陸に深く入り込めたということは、青幇などの組織に入っていたからこそできたのだと語った。石光真清のことを持ち出したのは私だったか、その人だったか忘れた。しかしその時、電話だったが一時間近く話しをしたが、満洲の曠野に深く入り込み諜報活動に従事できたのはまさに秘密結社の一員だった故に可能だったということを知った。そして私は今でも、その時の電話のやり取りを鮮明に記憶している。

ソ連参戦、そして日本の敗戦

さてその後、それなりに満洲で〝平穏〟に生活していた「開拓民」たちだったが、戦局は厳しい局面を迎えていた。

一九四五年八月九日、ソ連が突如、日ソ不可侵条約を破って参戦し満洲に侵攻した。それに続く日本の敗戦を機に、土地を奪われた中国の農民たちの怒りが爆発した。昨日まで隣人としてニコニコしていた中国人たちが武器を持って襲ってきたのだ。「開拓民たち」は逃げ惑った。

すでに壮年の男たちが緊急召集されていて、残っていたのは老いたる男、そして婦人と子どもたちである。彼らは、ハルビンの東一八〇キロほどにある方正へ行こうと方正を目指した。方正に行けば、「関東軍がいる、関東軍の食糧補給基地がある」と聞いていた人々は、昼間は山の中に隠れ、夜に逃避行を繰り返して方正を目指したのだ。方正に着けば、その先にはハルビンがある。ハルビンに着けばその先には日本があると見ていたのだ。

逃避行は苛烈を極めた。子どもや赤ん坊は泣き叫ぶと敵にわかるので「殺せ」、と団の幹部から言われて子どもたちを扼殺したり、時に集団自決する開拓団もあった。そうして二、三カ月の逃避行の末、やっと方正に辿り着いた。しかし関東軍は「南進政策」もあり、すでに方正にはいなかった。

なんとか収容所に収容されたが、中国東北の冬は零下四〇度近くにもなる酷寒の季節である。「開拓民たち」は、餓死、凍死、発疹チフスなどで五、〇〇〇人近い人々が亡くなった。

そのような状況下、「中国人の嫁になるのは嫌だ」と叫んでいた開拓民の婦人たちも、仲介人もいて、「生きていくには中国人の嫁になるしかない」と結婚する一方、同じように子供たちも仲を取り持つ中国人を介して中国人にもらわれたり売られたりもした。方正に残留婦人と残留孤児が一番多く出たのは、その何よりの証左である。

亡くなった開拓民たちの死体は郊外に打ち捨てられた。しかし凍り付いた死体も翌年の一九四六年の春になると溶け出し、異臭を放ち死臭が漂い出した。すぐにでも処理しないと伝染病の原因になりかねない。直ちに処理しなければいけないと、いち早く東北を支配した八路軍（東北民主連合軍、中国共産党軍の前身）は、三日三晩ガソリンをかけて死体を焼いた。そして方正県の山の方に捨てた。

新中国、そして「大躍進政策」の失敗

中国共産党は抗日戦争、国共内戦（注：一九四六年六月から始まった中国共産党と国民党との戦争。毛沢東率いる共産党は蒋介石を指導者とする国民党を破り、一九四九年一二月、蒋介石は国民党軍八〇万人とともに台湾に逃れた）に勝利し、革命の指導者である毛沢東が一九四九年一〇月一日、北京の天安門上で建国宣言を発信し、新中国を牽引した。しかし今日までのその歩みは紆余曲折を経て決して順調ではなかった。

その最初の試練は、一九五八年から六〇年にかけて毛沢東主導の下、大衆動員によって鉄鋼や穀物生産などを短期間に増産するべく、「鉄鋼生産などで中国は一五年でイギリスを追い越す」と急進的な運動を起こした。「大躍進政策」であり、「大躍進運動」なるものを展開したのだった。

当初、中国共産党は社会主義国のソ連をモデルにし、一九五七年一一月、毛沢東らはソビエト一〇月革命四〇周年祝賀式典に参加すべくモスクワを訪問した。当時のソ連指導者であったフルシチョフ第一書記は、〈ソ連は一五年でアメリカを追い越す〉というスローガンを掲げていた。それに対抗するかのように毛沢東は、〈中国は一五年で、鉄鋼など主要工業生産高でイギリスを追い越す〉というスローガンを提起した。

そして大規模な鉄鋼生産運動、そして人民公社の設立などの政治、経済、社会を含むあらゆる

部門での大規模な改革運動が展開された。大衆動員によって、鉄鋼や穀物などを短期間に急激に増産しようと急進的に運動を展開した。

また、人民公社内での財産上の差別をなくした。農民たちは自主的に経営できる分配された農地である自留地を集団経営に変え、個人や合作社と呼ばれた共同経営などの果樹園なども徐々に公有制に変わってきた。その象徴的な存在が公共食堂というものだった。

しかしその反動は徐々に出てきた。上からの急進的な指導に対して、農民の生産意欲は減退し、サボタージュも起った。経済バランスの崩壊と自然災害によって生産量は低下した。とりわけ食糧生産は深刻なほど低下し、一九五九年から六〇年にかけては各地で大飢饉が発生し、一説には二、〇〇〇万人近い人々が餓死したという。

「大躍進政策」は失敗したのである。食糧は今まではなんとか人民公社から供出されていたが、既に限界だった。中国政府は人々に、「食糧は自分たちで調達せよ」という通知を出したのである。

「自分たちで食糧を作ろう」

方正で中国人の妻になっていた山形県天童市出身の松田ちゑさんは、同じ残留婦人だった佐藤栄さんと相談した。そして松田さんは、耕せる土地を探すべく方正の山の中に入って行った。そして累々たる白骨の山を見つけたのだった。

実は松田さんは、一九四八年、八路軍が餓死や凍死した開拓民たちの死体を焼き、方正県の砲台山に葬られた時、芝刈りに出かけ、白骨の山を見ていたのだ。その時はただ、〈南無阿弥陀仏〉と何回か唱えて手を合わせるしかできなかった。しかし一九六三年の時は違った。

子どもたちが白骨を足蹴にし、犬が白骨を食いちぎる姿を見た松田さんは、「日本の政府はこのような状態になっているのを知っているだろうか」と思い、下山するなり佐藤さんと相談し、「私たちでなんとか葬ろう。方正県政府に頼んでみよう」と話し、松田さんは翌日一人で、方正県政府を訪ねた。

日本人たちの白骨を葬りたいという松田さんの意向を告げられた県政府の担当者は、すぐに回答できず、上部機関の黒龍江省政府に上申した。省政府もどうすべきかわからず、中央政府に上申した。その書類は副総理で外相だった陳毅を経て周恩来総理に渡った。

周恩来は熟慮し、「開拓民と言っても日本の軍国主義の犠牲者である。丁重に葬りなさい」と、公墓建立を指示した。担当した黒龍江省政府外事弁公室の趙喜晨は、ハルビン市にある壊された外国人墓地を歩き、日本人の墓にふさわしい墓石を見つけた。それはイタリア産の花崗岩だった。

彫刻工場の人たちは「なぜ侵略者の墓などを建てるのか」と疑問を呈したが、趙はじっくりと説明し納得させた。公墓建立はおざなりの作業ではなく、実に細やかに進み、歴史的な事業と位置付けられていたのだ。

生きていた国際主義

周恩来、陳毅など当時の中国政府指導者の中には、しっかりと国際主義的な精神が生きていたのである。しかし江沢民が主席になって以降、国際主義的精神が消えていった。「人民日報」など中国共産党機関紙には、一切、国際主義という言葉は出ることもなく、それに変わって出て来たのが「愛国主義」という言葉である。

一九六〇年、野間宏を団長とする日本作家代表団が中日文化交流協会の招きで中国を訪れた。若き大江健三郎や開高健なども参加していた訪中団を代表して野間宏が「我々はかつて中国を侵略したことを決して忘れてはいけないと思う」と挨拶したところ、陳毅は「我々は忘れたいと思う。しかしあなた方が忘れない」というなら日中関係はいい方向に向かうだろう。しかし「あなた方が忘れ、我々は忘れない」というなら日中関係は良くならないだろう、と語った。

この陳毅の言葉を私が書くと、「それは中国側のリップサービスだ」と言う人がいる。もちろん陳毅の言葉の奥には、「忘れてもらったら困る」という気持ちもあるだろう。そして我々日本人は中国側の言葉に甘えることなく、しっかりと日本の犯した誤りを肝に銘じておく必要があるだろう。

　ともあれ、陳毅の発言も今は昔、瀋陽郊外にある「9・18歴史博物館」の壁面には江沢民の筆になる〈9・18を忘れる勿れ〉という言葉が刻まれている。今や、国際主義も死語となったのである。

歴史を振り返る意味とは

　二〇〇三年、私たちは『風雪に耐えた「中国の日本人公墓」ハルビン市方正県物語』（東洋医学舎）を上梓した。

　そこでは、日本人公墓についての方正県政府の要人の思い、公墓建立のきっかけを作った松田ちゑさんの人生、中国養父母公墓を自力で建立した遠藤勇氏の人生、「方正地区日本人公墓」と並んで建立されている「麻山地区日本人公墓」建立に力を尽くした金丸千尋氏へのインタビュー記事、方正に住み着いて米作りに邁進し、中国で「水稲王」と呼ばれて高い評価を受けた藤原長作氏の人生などを描いた記事が収録されている。

　しかし刊行した出版社も今はなく絶版になって久しい。この著作を知った読者から、何とか入手できないかという申し出がいくつもあったが、それに応えられなかったのである。しかしこの度、批評社から再編集して出そうという嬉しい声をいただいた。ぜひこの機会に本書を手にして日中の友好の歩みを改めて見直していただきたいと思う次第である。

「満蒙開拓民」の悲劇を超えて

目次

はじめに　満蒙開拓団の悲劇を超えて
～中国ハルビン市方正県日本人公墓建立の物語～
大類善啓　3

日本の近代とは…〝夜明け〟から暗黒へ
大類善啓　23

［特別寄稿］日本人公墓についての随想
王鳳山　33

天を恨み　地を呪いました
——中国方正の日本人公墓を守った人たち

奥村正雄

ある満蒙開拓団員の戦後　宮沢一三（長野県）　170

水稲王　藤原長作物語
中国の大地に根づいた日中友好の絆　大類善啓　193

日本の近代とは…
〝夜明け〟から暗黒へ

大類善啓

封建時代を終えてからおよそ一五〇年余、日本の近代を今、どのように捉えたらいいだろうか。それにはまず、欧米列強がどのように日本と関わろうとしたのかを考える必要があるだろう。

ポルトガルやスペインなどの植民地獲得競争の後塵を拝して、イギリスやフランスなどがアジアへ侵攻し、その帝国主義的な野望を露わにした。その大きな象徴的な一つがアヘン戦争だと言っていいだろう。

イギリスは清国との貿易で輸入超過に悩み、茶の代価としてインド産のアヘンを密輸し、清国に輸出して巨額の利益を得ていた。しかし、アヘン販売を禁止していた清国は、アヘンの蔓延に対して全面禁輸を断行しアヘンを没収して処分した。それに反発したイギリスとの間で戦争になったのがアヘン戦争である。

一八四〇年から二年に及ぶこの戦争は、イギリスの勝利に終わった。その結果、南京条約が締結され、香港がイギリスへ割譲され、清国にとっては関税や領事裁判権などで、不平等条約を結ばざるを得なかったである。それ以降、大量の銀が中国から流出するようになった。

ペリー来航　江戸幕府の終焉

欧米の帝国主義諸国は更なる標的に日本を狙った。その象徴的な出来事が黒船来航である。一八五三年、アメリカ海軍の東インド艦隊は、艦船四隻を引き連れて江戸湾の浦賀沖に停泊した。ペリー来航である。アメリカの軍艦を見た日本人の驚きはいかばかりだったろう。

江戸幕府は、久里浜への上陸を認めざるを得なかった。アメリカ政府の国書が幕府に渡され、翌年には日米和親条約を締結するに至った。当時のアメリカは、植民地獲得競争において、イギリスやフランスに遅れを取っていた。この時がいわば幕末の始まりと言えるだろう。

江戸幕府は長崎の出島だけをオランダとの窓口として海外に扉を開いていたが、日本全体としては鎖国政策を取っていた。このような日本に対してアメリカは開国を迫ったのである。しかし江戸幕府を支えた将軍や武士たちの間には、いわば外敵であるアメリカなどの外国勢力を倒そうとする攘夷派が生まれる一方、支配階級を構成する一部は、武士階級の没落を意識し始めており、改めて民衆支配の道具として京都にいた天皇に目をつけて担ぎ出し、尊王攘夷派なるものが台頭してきたのである。

広がる攘夷運動

時の天皇・孝明天皇が外国嫌いだったことも手伝い、攘夷運動は日本全国に広がった。しかし、ペリーの強大な軍事力を目の当たりにしていた大老・井伊直弼は、武力では絶対に太刀打ちできないと判断し、開国に踏み切るのである。

当初は攘夷思想に染まっていた人々も、アメリカとの力の差を知ると考えを改めた。とりわけ有力な攘夷派だった薩摩藩と長州藩も「攘夷は不可能」と思うようになり、両藩が「薩長同盟」を結び、倒幕の動きが加速するのだった。

当時の日本の民衆にとっては、天皇は本当に遠い存在だったが、支配者にとっては民衆を統治するには天皇は利用できるものであり、「尊王」という考えは当然のものとして活用できるキーワードだったろう。幕府は天皇に許しを得て政治を代行する立場にあり、将軍や将軍の家来である武士も、最も尊重すべき人は天皇と考えていたのだった。

尊王攘夷派は、当初は自分たちで外国勢力を追い払おうとしたが、武力による攘夷は無謀だと悟り、尊王倒幕路線に転じた。一方の幕府は、政権維持のために天皇の力を借りようと「公武合体」を画策するのだった。

「大政奉還」は、土佐藩を通じて徳川慶喜に提案され、一八六七年、江戸幕府は幕を閉じた。明治維新を迎えたのである。一部、不平士族の反乱ともいうべき西南戦争があったが、天皇をいただく明治政府は自ら欧米諸国に倣うがごとく、新たな植民地を朝鮮・中国に求めるのである。

清国との戦いに突入した日本

日本が植民地として狙いをつけたのは朝鮮だった。西郷隆盛が「征韓論」を唱えたように、日本に一番近い隣国である朝鮮は常に日本の標的にされてきた。しかし清国が朝鮮に対する宗主権を主張しており、朝鮮半島の権益を巡って一八九四年、両国は戦争に突入した。日清戦争である。

七月、日本は清国との開戦を閣議決定するや直ちに朝鮮王宮を襲撃して占拠し、朝鮮半島の北上を進撃して清国の陸軍を撃破。九月には朝鮮半島を制圧したのだった。その後、鴨緑江を越え、遼東半島、そして旅順港を占領した。清国の軍隊より近代化された日本軍は、中国本土へ自由に上陸できるようになったのである。清国の首都である北京、そして天津一帯もほぼ日本軍が自由気ままに動ける状況が生まれた。自国の力不足を認識した清国は戦意を喪失し講和に至った。

日本は清国に朝鮮の独立を認めさせ、台湾、澎湖諸島、遼東半島を割譲させ、多額の賠償金を獲得した。しかしロシア、フランス、ドイツの三国は遼東半島の割譲には大反対をした。日本は止むを得ず、遼東半島を手放さざるを得なくなった。いわゆる三国干渉と呼ばれるものである。しかし日清戦争に勝利した日本は、アジアの近代国家として欧米列強諸国と互角に並ぶようになったのである。この日清戦争の勝利以降、日本は天皇制軍事国家として更に進軍していくのだ。

一方ロシアは、清国の李鴻章と秘密協定を結び、一八九八年、遼東半島の南端に位置する旅順、大連の租借に成功するのだった。不凍港を欲していたロシアは旅順を手に入れ、更に満洲に勢力圏を拡大し、アジアに領土的な野心を現実化していったのである。満洲を巡る日本とロシアとの戦いの萌芽が生まれたのだ。

日露戦争へと向かう両国

三国干渉後、日本とロシアは満洲と朝鮮半島の支配権を巡り、ますます争いが顕在化していった。そして一九〇四年二月、戦端が切り開かれた。

日本はロシアの南下政策による勢力圏拡大を防ぎ、朝鮮半島及び満洲における利権を守ることで「大日本帝国」の安全保障と利益を確保し、満洲、樺太、沿海州等における日本の勢力を拡大してロシアからの利権を奪おうとしたのである。

一方ロシアは、満洲及び関東州の租借権・鉄道敷設権などの利権の確保、また朝鮮半島での利権拡大と朝鮮への支配圏の確立などが目的だった。しかし、直接的には日本側からの攻撃と宣戦布告である。そして遼東半島が主戦場になった。日本近海では、大規模な艦隊戦が繰り広げられた。最終的に日本とロシアは、アメリカ合衆国政府の斡旋の下で、講和条約としてポーツマス条約を締結した。

ロシアはこの講和条約で日本の朝鮮半島における権益を認め、またロシア領だった樺太の南半分が日本に割譲され、更に日本は、大連・旅順の租借権、東清鉄道の旅順から長春間の租借権も獲得した。しかし、日清戦争の時のような賠償金を獲得できず、戦争後、軍人や民間人などを含め政権内部から不満も高まった。

内紛を抱えていたロシアの実情は・・・

一九〇五年、ロシアではいわゆる「血の日曜日事件」が起こった。ロシア帝国の首都サンクトペテルブルクで行われた労働者による皇宮への平和的な請願行進が行われたが、政府当局に動員された軍隊が労働者たちのデモ隊に発砲し、多数の死傷者を出したのである。

請願の内容は、憲法制定会議の召集、労働者の諸権利の保障、敗北を重ねつつあった日露戦争の中止、各種の自由権の確立などである。搾取や貧困、戦争に喘いでいた当時のロシアの民衆の素朴な要求を代弁したものだった。

当時のロシアの民衆は、ロシア正教会の影響の下、皇帝崇拝の観念をもっており、皇帝ニコライ二世への直訴によって状況が改善されると思っていたのだ。

行進に先立って挙行されたストライキへの参加者は、サンクトペテルブルクの全労働者一八万人のうち、一〇万五、〇〇〇千人に及んだと言われ、行進参加者は六万人ほどに達したという。

当局は軍隊を動員してデモ隊を中心街へ入れない方針であったが、余りの人数の多さにかなわず、軍隊は各地で非武装のデモ隊に発砲した。発砲による死者の数は、反政府運動側の報告では、四、〇〇〇人以上に達したと言われている。事件はモスクワ市内に速やかに広まり、市内各所で暴動と略奪が行われた。しかし労働者の集会は即日解散させられた。

請願行進は独自の労働者組織を設立したガポンという神父、教会の司祭である。彼はすぐにロシアを離れたが、その年一〇月には帰国した。しかし、翌一九〇六年四月に社会革命党によって暗殺された。

一九〇五年に起きた「血の日曜日事件」と呼ばれたこの事件の結果、皇帝崇拝の幻想は打ち砕かれた。これはその後のレーニンやトロツキーらに率いられ成功したソビエト一〇月革命の序曲と言っていい事件だったのである。

満洲は日本の生命線だ！

日露戦争後に浮上したのが「満洲は日本の生命線だ」という言葉である。日本が満洲進出を正当化するためにしばしば使われた表現である。当初は、軍や国粋主義者の一部では言われていたが、やがて日本全体で言われるようになった。日本がもっていた満洲利権というのは、中国から借りた租借権に過ぎず、本来は一定期間が過ぎれば返却すべきものだった。

しかし、満洲は「日本の生命戦だ」と言われたように、日本にとっては資源豊かな魅力ある広大な大地だったのである。正当な利権だけではあきたらず、満洲全体の土地・資源を日本のものにしようという考えが天皇を戴く日本政府に浮上してきたのだ。満洲の南には鉄鉱石を産出する鞍山、そして撫順には炭鉱があり、また朝鮮人参や大豆、とりわけ大豆の生産は一時、全世界の三分の一を越すぐらいになっていたのである。茶やシルク、真珠なども産出する資源豊かな広大な土地だったのだ。増大する人口、しかし限りある資源の中、日本の支配階級にとって満蒙の地は実に魅力ある大地だった。

また、日本政府、とりわけ軍部の中には、最終的にロシアとの戦争を予想する者も多く、満洲移民の多くがソ連との国境近くに〝入植〟した事実は、「ソ連への盾」の意味も大きかったのである。

特に、将来の対ソ・対米戦争を考える政治家や軍人にとって、満洲を日本の勢力下に置くことは、謀略をもってでもやらなければならない重大問題だと捉えられていたのである。

そして、「満洲を取れば苦しい生活が解消される」と、不況下で喧伝され、マスコミによって扇動された国民感情が重なったことも大きな動きとなった。満洲は日本にとって不可欠の地であり、他国から何をいわれようが勢力圏下に置くのは死活問題なのだ、ということだった。その行き着く先が、天皇や政府首脳さえも暗黙裏に賛同した満洲事変と傀儡国家・満洲国の建国だった。

もちろん、石橋湛山のように「小日本主義」を唱え、満蒙へ進出することとの危険性を言うジャーナリストもいたが、それは本当に一握りの少数派だった。

石橋は、満蒙を支配して得られる利益より、維持にかかるコストのほうが高くつくだろう、また、中国はもとよりイギリスやアメリカなどとの関係が悪化する愚行だと思い、鋭く批判した。「生命線どころか、満蒙にこだわれば大日本帝国が大火傷する火中の栗だ」という冷静な認識を持っていた。しかし、このような人物は本当に少数派の中の少数派だった。

そして大勢が「行け、満洲へ」というスローガンの下、多くの県は進んで「満蒙開拓」に向かった。しかし中には、満洲への分村移民を拒否した長野県下伊那郡大下条村（現・阿南町）の村長、佐々木忠綱のような稀有な人間もいた。佐々木は満洲視察に出かけ、「満人の耕地を追い出して日本人が入植したような形跡も見られ、何となく不安が残った。ハルビン市内などで日本人が満人に対してちょっと威張り過ぎではないかという感じがした」と思いを持ち、帰国後、村を挙げての分村移民を拒否したのである。

一九四三年四月、昭和天皇が全国地方長官会議において、当時の長野県知事の郡山義夫に対し、「長野県民の満洲開拓移民の状況はどうか」と下問した。長野県が全国府県別送り出し数の中で第一位になったことを知っての質問だった。帰庁した郡山は、全庁員に対して「大御心に応え奉らん」と題し、天皇から下問された感激と共に、移民送り出しを更に強化する決意を述べたという。長野県が移民送り出しを強めた契機になった重要な一件だと言われている。（大日方悦夫著『満洲分村移民を拒否した村長——佐々木忠綱の生き方と信念』（信濃毎日新聞社刊）

柳条湖事件（満洲事変）、満洲国建国、盧溝橋事件へと邁進する天皇制国家日本は、最終的にその付けを多くの満洲移民者たち、そして国内における三二〇万ほどの人々の死を招くのである。

［特別寄稿］

日本人公墓についての随想

王鳳山

日本の敗戦で方正へなだれ込んで来た日本人難民たち。すぐに真冬の極寒にさらされ多くの人が息絶えた。しかし人間のなせる限界を超えて救助に日々を尽くした中国の人たちがいた。そのお陰で命が救われ、日本人公墓ができ、日中友好が燦然と光り輝いた。

方正県の日本人公墓は、亡くなった日本開拓団員たちのために建てられた中国で唯一の公墓である。建造して五〇年近くになるが、このことを知っている日本人は大変少ない。開拓団にかかわった年配者のうち、ある者は世を去り、ある者は忘れてしまっている。若い人たちは黒龍江省の方正県に日本人公墓があることを、また、なぜそれが方正県にあるのかを知らない。

私はかつて二度、日本へ行く機会があり、東京で二度講演した時に、日本人公墓の由来を話した。会場の人たちはとても真剣に話を聞いてくれ、場内のある人たちは大変驚き、開拓団にかか

雪の中日友好園林で王鳳山氏

わった多くの年配者は激しく涙を流して泣いた。まるで振り返るに耐えない歳月を思い出させたかのように、しばらくは場内が騒然としたほどである。

　人間の一生というものは、曲折の多い、複雑なさまざまな事柄や事件にぶつかるものだが、日本人公墓の由来は、たしかに骨身にこたえる話である。それは戦争というものの残酷さ、敗戦の喪失感、肉親を失った者の悲痛さ、そして日本の中国侵略戦争の後悔と反省などなど…。

花の咲かない桜

早春、寒気がようやく緩み、大地の氷雪も溶ける。だが、四、〇〇〇名あまりの日本人の遺骨を埋葬した墓地に足を踏み入れた時、まだ寒気を覚える。墓地には雪が残り、今が見頃のような氷の菱の花（ミソハギ科の花）が、方正で凍死した、餓死した、病死した子どもたちが、春の到来を手招きし、呼びかけているかのようだ。

太陽が昇ると、残雪もようやく溶け始め、雪解けの水がたくたくと墓地の土中に沁みてゆく。その一滴一滴が涙のようであり、血のようでもある。

じっと見つめていると、遠く日本の桜の花が村と言わず、街と言わず、見渡す限り咲き誇っているのが見えるようだ。それは日本の国花である。天真爛漫な子どもたちの一団が、村や町を埋め尽くした満開の桜の木の下で欣喜雀躍、「さくら、さくら…」と歌っている。何代にもわたって歌い継がれてきた『さ

くら』である。

聞いているうち、いつの間にか、また物音一つしなくなった。日本人公墓のまわりはまたもとの静寂である。


一九八八年、私が提案し、山形県大石田町の助役、鈴木俊作先生が日本から持ってこられて日本人公墓の庭に植えた桜の木は、背が高くなったがまだ花が咲かない。恐らく遅く来た桜は遅い春にペースを合わせたのかもしれない。ここに眠る子どもたちは、どんなにか国花と呼ばれる桜をひと目見たかっただろう。毎年四月の初めに日本では至るところ桜の花であふれ、空間という空間はすべて桜の花の香りに包まれ、大阪造幣局の桜は花びらも大きく、咲いている期間が長いことでも知られることを、ただ聞いて知っているだけである。この子たちは、最も普通の桜さえ、夢でも見たことがないなんて、誰が知っているだろう。

夜、子どもたちは、日本人公墓の祭壇のところへ行き、色とりどりの紙袋を見つけると、小さな手を伸ばして、手にとってじっと見た。小さなガラスのかけらみたいだ。口元でちょっと濡らすと、わっ、甘くて、いつか、どこかでなめたことがあるような…お砂糖？　とても似ている味、前にもこんなじゃなかッたかしら。お母さんに聞いてみようッと。そこで喜んで駆け出そうと、くるりと向きを変えたとたん、雄鶏が鳴き、太陽が顔を出した。すると、すべてが過ぎ去ったように、なにもかもが消えてしまった。残雪が同じように溶け、雪解け水が一滴一滴滴り落ちて、涙のように、血のように、お墓に沁みこんで行く…。

鶴の歌、蝶の舞

夏、墓地に足を踏み入れると、どこもかしこも草花に覆われ、まわりの松や楊《やなぎ》の葉が茂り、林の中で雀が鳴いている。カッコウやモズの鳴き声も爽やかだ。ミツバチや蝶がいたるところで乱舞している。池ではひとつがいの丹頂鶴が水草をついばみ、お互いにうなじを擦り合わせ、羽を支え合い、恋人同士のように顔を寄せ合う。二羽は踊り、愛し合い…。

誰かが叫ぶ。

「これは天童市の舞鶴荘じゃないのか。俺たち開拓団が故郷を出る時、舞鶴荘に一晩泊ったよな。舞鶴荘の通りに「王将」の額が高く掲げられていた。だが、その「王」はどこへ行ってしまったのだ。「将」はどこへ行ってしまったのだ！　なぜ俺たちだけがこの荒野に残されてしまったのだ？」

子どもたちも母親に疑惑のまなざしを向けている。そうだ、俺たちは何故ここにいるのだ？　ひとつがいの丹頂鶴は歌いながら飛び去った。彼らに多くの疑問を残し、たくさんの楽しかった追憶を持ち去り、絶望だけを残して行った。

つがいの蝶たちが舞い遊ぶ。それはちょうど、天真爛漫な子どもたちが、あの時起こったことを何も知らないように、そして誰が彼らをこんなところへ来させたのか、誰が彼らをこんなところに置き去りにしてしまったのかを知らずに、花の咲き乱れる野で遊んでいる子どもたちのように、蝶たちはお互いに追いかけまわし、飛びまわっている。子どもたちは誰を恨めばいいかを知っているだろうか。彼らの幼い心の中では、こみ上げる恩讐の気持ちなどはない。彼らはただ、どこまで行っても曲がりくねった道や遊ぶことだけしか知らない。知っているのは、ただ夏の大地と花たちと木々だけだ。

ここへ参拝に訪れる多くの人たちは、なにか流暢な言葉で話し、赤い口紅をつけ、裾飾りのついた綺麗な洋服を着て、墓前に美味しいものや綺麗なものをいっぱい飾る。だけど子どもたちには彼らが何を話し、なんで泣いているのかわからない。

若い人たちはカメラを持ち、フラッシュをたく。見たこともないものが多い。

「彼らは日本人だ。墓参に来たんだ」

と誰かが言う。

「彼らはどのようにして来たの？」

「大きな船で、何日くらいかかるんだろう」

「いや、新幹線に乗って、飛行機に乗り換えて、日本から方正まではその日のうちに来れるよ」

「そうなの？　飛行機って乗り心地いいの？」

「俺の記憶じゃ、飛行機は爆弾を投下するだけだったからなあ。あれは五〇年も前のことだ。帰国する時は飛行機で帰ろう」

「何時のこと？」

空いっぱいに黒雲が現れ、あっという間に稲妻、雷鳴、そしてバケツをひっくり返したような大雨がみんなの夢を打ち砕いた。雨が上がると、日本人公墓の周りには、またいつものような静寂がもどっていた。

心の傷を涙で洗う

秋が深まり、至るところ稔りの風景が現れる。稲は黄金色に熟し、りんごの木には枝もたわわに真っ赤な実がなっている。ジャガイモが大きくなって地面を持ち上げている。そして秋風とともに日本人公墓をお参りする人々が来て、草を刈り、枝を切り、塔婆を立て、焼香し、手を合わせる。カメラのシャッターを切りビデオを回す。日本人公墓がこれほどにぎわったことはなかった。老若男女、それぞれの表情が違う。涙を流し、深い悲しみで泣き叫ぶ人もいる。肉親の霊を祀りに来た人らしい。ここにはなぜ彼らの肉親がいるのだろう。なぜ肉親をここで亡くしたのだろう。日本人公墓の子ども達にはさまざまな疑問が湧く。

若い人たちは、あちこちで写真を撮り、ビデオを撮る。まるで観光旅行のようだ。この時、日本人公墓の中の人たちはどこへ行ってしまったのだろう。どうして出てこないのだろう。歓迎しないのだろうか。日本からやってきた若者に子ども達は聞いてみたい。

「新幹線って何？」

「ボーイング747ってなに？」

「カラオケってなに？」

「ディズニーランドってどこにあるの？」

「パスポートってなに？」

「私たちがここへ来たときはどうしてパスポートがなかったの？」

「パスポートがないけど、また日本へ帰れるのかなあ…？」

この問いに誰もこたえない。若い墓参者は無表情だ。改めて年長の参拝者を見ると、ただ泣くばかりだ。彼らの心の中の傷を涙で洗い消そうとしているかのようである。彼らは絶えず深々とお辞儀をし、帰路についた。振り返っては日本人公墓を眺め、その後、彼らを乗せた車は見えなくなった。

日本人公墓は死んだように静かになる。墓守がガチャンと大きな鎖を掛ける。すべてが終わる。

秋風が冷たい。

五五年前、あの年の秋、子どもが母親に連れられて、ここへ来たのは厳冬がやってくる前だった。とうもろこしやジャガイモを生で食べ、飢えをしのいだ。そしてその後、大雪になった…。冬。このあたりの冬は雪が多く、骨身に沁みる寒さ…。北海道と変わらない、とだけは聞いていた。戸や窓のない家、それは開拓団が残していったものだった。床に藁を敷き、鉄兜で煮炊きした。最初の頃はまだ米があった。その後、米よりも水が増えてゆき、しまいには水だけになった。気持ちの優しい土地の人たちが彼らの持っているわずかばかりの食糧を譲ってくれたが、それも底をついた。その後、大人も子どももみんな病気になった。開拓団員は、初めのころは一緒に住んでいた。初めの頃は人が多いのが悩みだったが、その後次第に減っていった。逆に、雪の中の死体が日増しにうず高くなっていった。一万人の開拓団員が半分になった。その殆どは生存能力のない婦人と子ども達であり、孤立無援の状態で生死の境をさまよっていた。

生者なおかりそめの…

解放後、日も浅く、できたばかりの方正県政府は、周囲の大衆を動員し、彼らを救援した。子ども達を抱いてもどり、食事を食べさせ、女性と病人は家に連れて帰り、手当てしてやった。大きな開拓団の建物は空っぽになり、白い雪だけが吹き込んだ。北風がひゅうひゅうとうなり、開拓団員の希望を吹き飛ばした。まるで四、〇〇〇人あまりの死んだ開拓団員の叫びのようでもあり、悲鳴のようにも聞こえ、悲痛、痛恨、哀切であった。まことに杜甫の詩のように、「生者なおかりそめの生を生き、死者すでに永遠の眠りにつきて久し！」である。

五〇有余年が過ぎ去った。救助された開拓団員たちは方正県で生き残り、仕事をするようになった。日中国交正常化後、続々と日本へ帰った。だが、彼らは方正県人民が命を助けてくれた恩を忘れることなく、毎年、一部の人たちは戻ってきて、中国人の養父母を見舞っている。

ある人はお金を出して、亡くなった養父母のために「養父母の墓」を建てた。それは日本人公墓の西側にある。「平和記念碑」は日本人公墓の左前方に建てられた。また県政府の出資と、日本の友人の寄付によって、「中日友好記念館」が建てられた。これもまた先人を記念し、後世の人たちに「平和でなければならない。戦争をしてはならない。中日両国の人民は子々孫々まで平和でありつづけるように」と教えるためであり、天にいる霊魂を安心させるためである。

群れをなした鳩が日本人公墓のまわりを飛ぶ。鳩たちは子ども達の願いを抱き、高く、遠くへ飛んで行く、素晴らしい未来へ。

（二〇〇〇年八月一八日）

天を恨み　地を呪いました

——中国方正の日本人公墓を守った人たち

奥村正雄

■…無残な死を強いられた多くの同胞たちの骨を一つ一つ拾い集めて葬った。その行為が中国の人たちを動かし、中国で唯一の日本人公墓ができた。今、松田ちゑさんはあの時を思い浮かべる。そして、彼の地に永遠の安住の場所を得た同胞たちに「よかったね」とささやく。

四世団欒

東京・板橋の都営住宅四階。松田ちゑさんは、六畳の自分の部屋のベッドで毎朝五時過ぎに目を覚ます。大正八年八月二六日、山形県天童市生まれ、八二歳。中国で二回、日本に帰ってから一回、合わせて三回脳梗塞で倒れた。幸いいずれも軽かったため、後遺症は右半身が少し不自由なのと、話す言葉がほんの少しもつれるように聞こえる程度だ。ベッドは、そんな体の母親を思って同居する息子・雀鳳義さん（五四歳）が買ってくれた。

白内障の目に目薬をさす。トイレ、洗面を済ませてもどり、着替える。箪笥の上に飾った両親の写真に灯明、線香をあげ、手を合わせる。

七時半、嫁の閻永革さん（五二歳）が呼ぶ。

「妈妈《ママ》（お母さん）、ご飯ですよ」

中国語と日本語が半々だ。松田さんは食卓で息子の隣りに腰かける。松田さんがまだ半分も食べていないのに、鳳義さんはもう食べ終え、出勤の支度。出がけに一本、タバコに火をつけて口にくわえ、靴をはく。

「行ってらっしゃい」

松田さんは食べかけの茶碗をテーブルに置き、嫁と玄関に出て息子を送り出す。それに促されるように奥から曽孫・美佳ちゃん（二歳。上の孫娘・崔穎さんの長女）が、奥から出てくる。近所に住む崔穎さんが出勤前に娘を実家に預けて行くのだ。もう姿が見えなくなった祖父に向かって美佳ちゃんが叫ぶ。

「行ってらっしゃい！」

しかし、その声はもう祖父の耳には届かない。松田さんは、履物を引っかけ、廊下に出て、手すり越しに下を眺める。四階からエレベーターで降りた息子が、時計で測ったように正確に、一階の前庭に姿を現す。急ぎ足で出勤する人たちが徳丸橋の方へ向かう通勤ラッシュの波の中に、自転車に乗った息子の姿を見定めると、松田さんは安心したように、食べかけの食卓へもどる。

「毎日、息子が出勤するこの光景を見るのが、私の朝の大きな幸せなひとときです。中国で産んで育ててきた息子も五四歳、もうすぐ老年という年頃になりました。慣れない日本へ来て一〇年、一日も休まず働いてくれます。自分の息子を褒めるなんておかしいかもしれませんが、心の優しい息子です。私が間違ったことを言ったり、やったりしても、息子は絶対に怒ることはありません。私がどうして間違っているか、なぜ悪いのかを、私が得心がいくまで、一から一〇まで辛抱強く説明してくれます。これはやはり、あの子が生まれ育った中国での教育のせいかと、私は思うときがあります。

それにしても、生きていればこそ、こうして毎日、息子の出勤する元気な姿を見ることができる、と思って廊下から家の中に戻るのです」

＊

松田さんは、一九九一年、下の孫娘・崔麗さん（二四歳）と上海から船で帰国した。日本政府が残留孤児と認定した者には中国の居住地から北京までの汽車賃と、北京から成田までの航空運賃が支給されるが、松田さんのように、敗戦時一二歳以上で中国に残った者には、それがたとえどんな理由があるにしろ、勝手に中国に残ったのだから、という理由で、帰国の旅費も出ないし、帰国後も残留孤児のようには支援の手が差しのべられない。

　中国ですでに脳梗塞で二度も倒れた母親を単身帰国させるのが心配で、鳳義さんが当時まだ一二歳だった次女を同行させたのだった。身元引受人になってくれたのが、埼玉県蓮沼市の会社社長で、一行二七名で帰国、久喜市のアパートで日本での生活がスタートした。その後、松田さんの郷里・山形県天童市へ移った。一九九三年、上の孫娘・崔穎さんが帰国。翌年、息子夫婦と孫の崔岩さんが帰国して、一家全員がそろった。そして一九九七年、東京へ移住した。

前列左から松田ちゑさん。長男の嫁、残留孤児で数年前に方正県で死亡。後列左から孫、長男。その隣３人が長男の娘夫婦と曾孫。

極楽浄土の門

　午前八時半、松田さんは嫁が作ってくれた弁当とお茶をデイバックに詰めて玄関を出る。すぐ近くにあるセンター（東京・板橋区立高島平ふれあい館）へ〝出勤〟である。息子は日曜日が休みだが、松田さんはセンターが休館の月曜日が休みだ。

「行ってきます」

「行ってらっしゃい」

玄関先で松田さんは、嫁と美佳ちゃんに手を振ると、息子と同じようにエレベーターで一階に降りる。鳳義さんはそこから自転車だが、松田さんは、右手でステッキをつき、右足を少しだけ引きずるようにして、五〇メートルほど先にあるバス停へ向かう。都営バスに乗り、すぐ次の停留所「高島平第一中学校前」で降りる。停留所の目の前が高島平ふれあい館だ。その玄関まで二〇〇メートルほど歩くのだが、松田さんは、その途中、温水植物館の前でひと休みする。疲れるのと、九時開館まで一五分ほどここで待つとちょうどいいからだ。

九時。開館を待ちかねたお年寄りたちの顔が輝く。

「さあ、極楽浄土の門が開くよ！」

まだ足腰のしっかりした老人たちが先を争って中に入る。松田さんは、手すりにつかまりながら、広い階段をゆっくり二階へ上がる。和室の大広間。各人、座るところはほとんど決まっていて、そこへ鞄やディバックを下ろし、座布団やポット、お茶道具などを運んできて仲間どうし話が始まる。松田さんは足が少し不自由なので、いつも元気なKさんが座布団を持ってきてくれる。

「はい、松田さん、一三番だよ」

Tさんが舞台袖に置いてあるカラオケ申し込みノートに自分と松田さんの分を記入し、番号札を持ってきて、松田さんに一枚渡す。

一〇時少し前。正面の舞台に健康体操の保健婦さんが登場。

「さあ、健康体操の時間ですよ。ゆっくり足腰を伸ばしましょう」
それぞれの場所で立ち上がり、保健婦さんの指導で、足腰を伸ばしたり曲げたり、手首を回したり。
「は～い、おしま～い。では、今日も元気に歌ったり、踊ったり、楽しくすごしましょう」
その声が終わるか終わらないうちに、踊りの音楽が響き始める。「板橋音頭」で全員参加の肩慣らし。それが終わって、カラオケ大会の始まり。Aさんは、『男船』。バックでCさんが踊る。
DさんとEさんがデュエットで『浪速恋しぐれ』だ。
「うまいぞ！」
歌い終わった二人に満場、大きな拍手。調子っぱずれの人も少なくないし、バックで踊る人たちの中には、リハビリがわりに手足を動かしているだけの老人も。
一三番。松田さんの出番だ。歌は彼女が作詞し、館長が作曲してくれた『花の板橋ふれあい館』。
朝日輝くふれあい館
今日も愉快に暮らそうよ
お風呂にゃ笑いの花が咲く
ぐるぐる回るマッサージ
自動アンマの気持ち良さ
詩は五番まである。松田さんはこれを最後まで歌う。歌は決してうまくはない。ただ一所懸命歌う。
お昼。松田さんは友達とお弁当を開く。一階の売店で弁当やパンを買ってくる人も多いが、松田さんはいつも嫁が作ってくれる弁当だ。プラスチックの二段重ねの上のケースには、今日は、松田さんの大好きな鮭、卵焼き、豚の骨付きばら肉を長時間煮込んだもの、絹さやの煮物、胡瓜のおしんこ。
午後になって松田さんの二曲目の出番がきた。はじめて歌ってみることにした『支那の夜』。若い頃の記憶を頼りに松田さんが歌い出すと、いつのまにか一人の男性が背後に立ち、松田さんが一番を歌い終わったところで、思い入れたっぷりに、昔懐かしい台詞をマイクにのせる。
赤いランタン波間にゆれて
港上海　白い霧
出船入船　夕空の
星の数ほど　あればとて
……　……
思いがけない助っ人の登場と、何十年ぶりに聞く懐かしいセリフに、松田さんは胸が熱くなり、しばらくは絶句してしまった。

渡れない橋

午後三時半。松田さんは帰り支度をはじめる。朝来た時と同じように、デイバックを背にセンターを出る。朝と同じ足取りでバス停に向かう。目の前に我が家の背の高いビルが見えるが、バスに乗るほかない。

間に流れる新河岸川、そこにかかる徳丸橋。全長四〇メートルそこそこ。わずかに登り下りがあるコンクリート橋だ。このゆるい傾斜が少し足の悪い松田さんには渡れない。それは五七年前、中国・方正の収容所で疫病のため危篤状態に陥り、目の前で息を引き取った娘を我が手で葬ってやれなかった時に感じた、祖国までの途方もなく遠い距離と同じくらい、松田さんの歩行を阻む。

「昔はね、天を恨み、地を呪いました。でも戦争のない今はね、こうして毎日が極楽のようです」

松田さんを乗せた都営住宅のエレベーターが静かに上がりはじめた。

荒地探しで見たもの

《一九六三年の春、人民政府から命令が出ました。今年の中国人民の食糧は秋の収穫まで間に合わず、人民が食糧に不足すると困るから、農業公社の畑でない荒地を開墾して畑にし、自分で秋までの食糧を間に合わせるように》とのことでした。

農業公社以外の人たちは、街の人で、食糧を買って食べる人の食糧を「国家の食糧」と言います。その国家の食糧を買って食べる人は、自分で畑を開墾して食糧を作らなければならなくなったのです。だが、どこへ行ったらよいのか思案にくれました。

こんな時は、友達を頼るほかに方法がありません。砲台山の麓に住んでいる酒田市出身の佐藤栄さんを訪ねて、その辺に荒地があるかどうか見に行こうと考えました。会社も荒地を開墾して種蒔きするようにと五日間休みになりました。その休みを利用して私と主人は、栄さんを頼りに出かけました。

栄さんとご主人の老鄭は、

「お二人お揃いで何ごとですか」

と驚いた様子でした。私は、

「実は、国家の食糧が足りないので、政府から自分で食糧を作るようにという命令が出て、五日間休みになりました。でも、どこに荒地があるのか分からないので、老鄭だったら知っているだろうと思い、お世話になりに来ました。近いところに荒地はないでしょうか」

と言ったら、ご主人は、

「よく来てくれた。こんな時でもなかったら老鄭家には来られないだろうから、まあゆっくりして、私が案内するから」
と言ってくれました。（松田ちゑ『開拓残留妻の証言』）

＊

松田ちゑさんは、一九四〇年、生まれ故郷の山形県天童市で結婚、翌年長女を出産してまもなく、開拓団の一員として中国へ渡った。入植したのは、三江省（現在の黒龍江省）依蘭県第八次北靠山屯村山郷開拓団。敗戦後、苦難の逃亡を経て、方正県に辿り着いた（詳しくは後述）。

中国人・崔永清さんと再婚。一九四七年には長男・崔鳳義さんを出産した。松田さんの上述の証言は、それから一六年後の話である。中国の食糧難がいよいよ逼迫した状況を迎え、中国政府が農業従事者以外の一般大衆にも食糧自給を呼びかけた。その時代背景は、次のとおりだが、実は、松田さん夫妻の自給地探しのための友人訪問が、方正の日本人公墓誕生の大きな機縁となったのである。

＊

新中国がスタートして一〇年経った一九五九年、中国全土は、異常な食糧難に見舞われた。五九年の食糧生産は、一億七〇〇〇万トンと、一気に五四年の水準まで下がり、六〇年、六一年は、一億四〇〇〇万トン台と、さらに五一年の水準まで下がった。

この間、人口は、逆に五一年より約一億人増えている。一九五八年から始まった大躍進政策の失敗と、それに伴う過労と栄養不足のために、肝炎、浮腫の病人が増加し、生産力の低い地域の農村では、多数の餓死者が出た。アメリカの専門家が分析した推定によれば、食糧不足が最も深刻化した一九六〇年の死亡率は四％、大躍進政策が始まる前の二倍にあたり、五八年から六一年までの死者数は、一六〇〇万人から二七〇〇万人に達しただろう、という（小島晋治・丸山松幸『中国近現代史』）。

砲台山が背負った背理

方正県の県政府がある方正鎮の中心地から東の方角に、砲台山（二〇七メートル）という山がある。伊漢通郷大房屯の東南二・五キロにあって、その背後に連なる錯草蝶頂子（四九一メートル）など、群小の峰々の前景を形づくっている。

名の由来は、山容が砲台に似ているからとか、日本軍がここに砲台を築いたことからと言われるが、地元の王鳳山氏（元方正県人民大会常務委員会副主任）の説明によれば、次のようである。

「砲台山は伊漢通二吉利村（現在の吉興村）の南に面した山です。真北には松花江が流れ、ハルビン——佳木斯国道が走っています。日本軍が方正県を侵略した後、ソ連軍が艦艇で松花江から攻めてくる場合と、ソ連軍や抗日連合軍が陸から攻めてくる場合を想定して、この山の上に砲台とその他の軍事施設を構築しました。以来、二吉利南山を砲台山を呼ぶようになり、現在に至っています」。

日本軍がソ連軍や抗日連合軍に備えて砲台を据えた山が、後日、同胞の白骨の集積場になるとは、あまりにも痛ましい歴史の皮肉というべきか…。

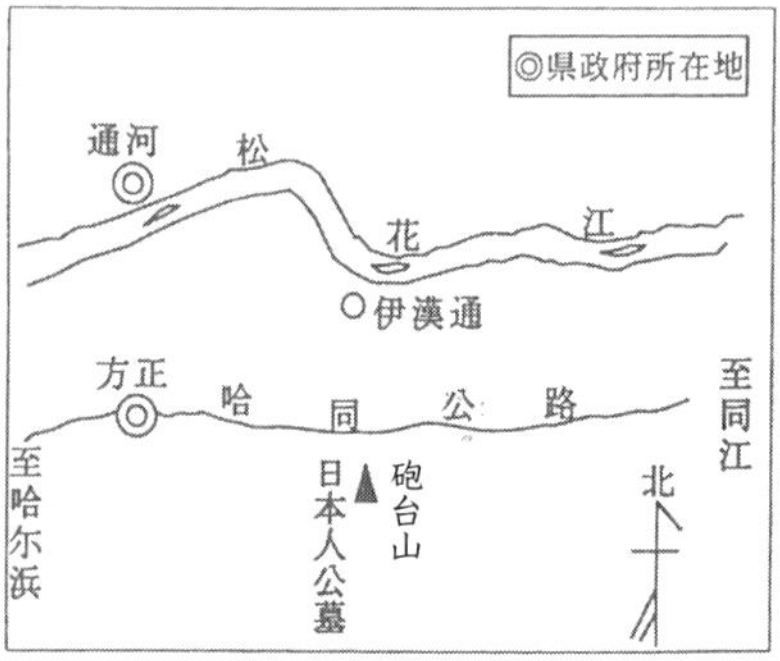

＊

松田ちゑさん夫妻が訪ねた鄭さんの家は、この砲台山の山麓にあった。

《たばこを一服して老鄭は私と主人を砲台山の麓にある佐藤さんの畑の東側の荒地に案内してくれました。そして、

「ここを耕しなさい。二人で五日も耕したら立派な畑になりますよ」

と言って家へ帰って行きました。

そこで私と主人はたくさん生えている枯れ草を鎌で刈り始めました。二時間も刈った頃、主人は少し休もうと言って腰を下ろして煙草に火をつけました。私はどのくらいこの荒地が続いているのかと枯れ草を分けながら東へ進んで行ったのです。

枯れ草を分けた途端、白い遺骨が土にまみれ、三メートル四方の場所にひとかたまりになって

いるのを見てびっくりしました。十何年も見たことのない遺骨だったのです。見た瞬間、はっとして背筋が寒くなりました。一七、八年前に山となっていた同胞の白い骨を見たときのことを思い出しました。

休んでからしばらくなるので、帰ってまた草を刈らなければと、主人の方へ戻ろうと思い、反対側の草を分けながら歩くと、また、土にまみれた遺骨に出会ったのです。私は、ああ国ために祖国を後にした開拓の妻や子どもがこんな無残な姿とはあまりにも酷すぎる。日本政府では、このような犠牲者の遺骨を知っているのだろうか。私は残念で胸が押さえつけられるようでした。主人のそばへ戻って草を刈り始め、手は鎌を握っておりながら、心は枯れ草の中の遺骨のことばかり考えていました。

この遺骨をなんとかしてあげられないだろうか、と草を刈りながら胸がいっぱいになってきました》（前掲書）

昼になり、松田さん夫妻は、鄭さんの家へ戻って昼食をごちそうになり、二人の男性は横になって休んだのですが、松田さんは同郷の佐藤さんと故郷の話を始めました。しかし、たったいま目撃した遺骨のことが頭から離れない。松田さんは佐藤さんに胸の内を明かしました。

「草を刈りながら東の方へ行って見たら、土にまみれた日本人の遺骨がありました。あっちこっちの荒地の藪に、終戦時のなきがらを未だに野ざらしにしておくことは、同じ日本人としてしのびない。せめて遺骨を拾い集め、穴を掘り土に埋めただけでも亡くなった同胞は喜ぶに違いないと思うのですが」

と話しました。栄さんは語りました。

「私も毎日畑に出るたびに日本人の遺骨が目に入り、胸がしめつけられる思いをしています。でも、私一人でだけでは手の出しようもなく、どうすることもできません。ただ胸を痛めているだけです。この一八年間、砲台山の麓の日本人犠牲者の遺骨は、太陽に照らされ、風雪にさらされて真っ白になり、時には部落の子ども達が遺骨をおもちゃがわりにして遊んでいるところを見つけました。でも外国の土地で世話になっている身としては子ども達には何も言えず、苦しい胸を押さえているほかないのです」

収容所で越冬中の死亡者は、三、〇〇〇人を超えたと言われています。その当時の遺骨は山のようでしたが一八年も経過した今、遺骨は十分の一ぐらいしかないように思いました。一八年の間に雨にたたかれ、水に流されて、自然に土に埋まったものと推察されます。この残りの遺骨だけでも私たちの手で埋めてやったらどうだろうと、栄さんに相談しました。栄さんの家で五日泊まって二畝地（ムウディ、一三八六平方メートル）の畑にトウモロコシの種をまいて帰りました。帰りぎわに、栄さんは、

「日本人の骨を拾って土に埋めることを忘れないで、方正政府へ行って許可をもらって下さい。

もし許可がおりたら残留の私たちの手で埋めてあげましょう」
と言って固い約束をしました。》（前掲書）

＊

砲台山の山麓に野ざらしになった、このおびただしい白骨の主たちは、松田ちゑさんが思いがけずにここで再会することになった時をさかのぼること一八年、一九四五年冬から四六年の春先にかけて万斛《ばんこく》の恨みを抱きながら方正で死んでいった同胞たちである。

方正まで辿りつけば…

《敗戦の年の一九四五年冬から四六年春にかけて、同地区には五、〇〇〇人を上回る開拓団難民が集まり、そのうち三、〇〇〇人が越冬中に死んだ、と現地の残留婦人たちは言い伝えてきました。国境付近の開拓団婦女子たちは、「方正に行けば関東軍がいる。軍の補給基地もある」と、一〇〇キロから二〇〇キロの道のりを歩いて辿り着いたのです。》（坂本龍彦『満州難民祖国はありや』）

同書が引用する広永正也氏は、敗戦当時、関東軍の見習士官として方正地区にいた人だが、こう語っている。

「国境地帯には、満洲事変以来、膨大な開拓団員が国策として派遣されており、特に三江省にはごく初期の武装移民である弥栄（いやさか）、千振（ちぶり）等の開拓団があった。この当時は、根こそぎ動員で、大部分の男子は関東軍に召集され、残っているのは老幼婦女子だけの状態であった。ソ連軍の参戦共に、関東軍はいち早く後方に撤退し、開拓団員は国境地帯に無防備のまま見捨てられた」。

各地の開拓団から方正を目指して決死の逃避行を続けた老幼婦女子たちの希望は、「方正に行けば関東軍がいる」だったが、その頼みの関東軍は、既にその半年前、「この時点で既に、ソ連軍の参戦も予想され、佳木斯は放棄都市として、貨物支廠の焼却計画や、松花江にかかる鉄橋爆破計画の極秘指令が下達され、関東軍司令部は新京から鮮満国境の通化に移転することも決定していたのである。（同書）

同書が引用する『満蒙終戦史』によれば、《敗戦時、在満日本人の概数一六〇万人中、一二〇万人は、生活能力のない老幼婦女子であり、そのうち数十万人が難民となった。

各地の開拓団から死の逃避行が始まる一方、少なからぬ開拓団では、暴徒の襲撃に遭い、あるいは国に殉じて集団自決した老幼婦女子も大勢いた。

◇浜江省寶県・八道河子開拓団　ハルビン市で反乱逃亡した満洲国軍の襲撃を受け、八月一八日、殺され、または自殺した者は、二五三名。

◇北安省慶安県・鉄驪地区開拓団　九月一〇日　匪襲を受け、二百数十名の犠牲者を出した。婦人自ら我が子を殺し、自殺した者が多かった。
◇三江省樺川県・第二次千振開拓団　宮城部落の婦人子ども四二名、暴徒の襲撃を受けて、付近の飛行場地下格納庫に避難し、青酸カリによって自殺した。
◇三江省依蘭県・広富山南都留郷開拓団　団員一六八名が行方不明、恐らく全員が殺され、または自殺したとみられる。
◇東安省鶏寧県・込達河開拓団　団員約一、三〇〇名中、殺され、または自殺した者四二一名。
◇三江省樺川県・中川村開拓団　団員五九三名中三〇〇名が殺され、または自殺した。》
（同書・『満蒙終戦史』から一部抜粋）

＊

方正を目指して苦難の逃避行を続ける老幼婦女子の一部の人たちの頭の中には、方正へ行けば、関東軍がいるという望みのほかに、「方正には軍の補給基地がある」という伝聞があった。確かに方正には関東軍の物資補給基地があって、同書は前出の広永正也氏の証言を以下のように伝えている。

《六八万平方メートルの敷地に、戦時編成五〇個師団分の補給品を集積し、ソ連軍参戦に備えるのが、方正での広永さんたちの任務でした。零下三〇度以下になる厳冬の荒野に軍用天幕を張って、敗戦の年、一九四五年の初冬の冬を過ごします。老爺嶺山脈のかなたから、飢えた群狼の遠吠えが夜通し聞こえてきました》。

しかし、この物資集積所にも一九四五年八月二三日昼、ソ連軍接収部隊が現れ、「兵器などを二時間以内に撤収せよ」と命令した。

《「この頃から、国境地帯に置き去りにされた開拓団の老幼婦女子が、よろめきながら到着し始めた。国境地帯から二〇〇キロ以上の道のりを、多年にわたる収奪、抑圧に憤る現地人の襲撃に遭いながら、辛うじて辿り着いた開拓団員の姿は、無残を極めていた。途中で絶命した者も多くいただろうし、幼児を松花江に投げ捨ててきたと慟哭する母親もあった。」》(同書・広永正也)

黒い異物、子どもの遺体

一九四五年八月一五日、松田ちゑさんは、三江省依蘭県第八次北靠山屯村山開拓団で、朝早く草刈りに出た。昼に帰宅すると、部落長が全員を集め、開拓団本部からの重大な連絡を伝えた。

「日本は戦争に敗けた」

「早く部落を出ろ」

「遅れると、どんな目に遭うか分からない」

と言われ、慌ただしく部落を後にした。難民の長い行列が国道に出てまもなく、日本軍が行列を

見つけ、

「国道に出るな。ソ連軍が松花江を渡ってこちらの方に進んで来るから山の方へ逃げろ」

と言う。ここで日本軍と一緒になり、山の奥へ奥へと逃げた。

《一日、二日、三日は背負ってきた米もありましたし、谷間にはは水があり、ご飯も炊けました。しかしだんだん山奥へ入るにつれて水も米もなくなり、一週間も山中にいるうち、食べ物は何一つ無くなりました。毎日、涙雨が降り続きました。みんなズブ濡れの鼠になり果ててしまいました。みんなブドウの蔓、葉っぱの茎をしゃぶりながら、重い足を引きずるようにして歩きました。

特に子どもたちは疲れて空腹に泣き出しながら、母の手に引き連れられ、幼児を背負った母親は力が付き尽きそうになっても歩き続けました。

こんな日が一〇日も続いたある雨の降る夜。暗闇で一寸先も見えないので、ここで夜を明かそうと、木の下で休んでいました。近くに何かが黒く見えたので、怖い気もするが何となく気になりました。静かに近寄って、よく見ると二人の子どもがやせ衰えて死んでいたのでした。死体を見たのは初めてです。今でも目に焼き付いています。（略）二人の子どもを背負って張り切ってきた結城正吉さんの奥さんの小さな子どもが、背中の上で死んでいたのもこの頃でした。このように、まず、子どもの死亡が日に日に多くなっていきました。それに続いてお年寄りも疲れと飢えから倒れる人が出てきました。

開拓団部落を出発したのは、八月一五日です。それから山奥に向かって逃げ、今日はもう二六日です。》（『開拓残留妻の証言』）

川幅五〇メートルほどの急流では、途中で避難民と合流した日本兵が対岸の木の根にロープを結んで子ども達を背負い、渡渉させた。しかし、疲れと飢えで体が弱り切っていた難民たちは、急流を渡る力が弱く、ロープから手を離して急流に消えていったお年寄りも少なくなかった。

すでに開拓団が立ち去った開拓団部落に入る。途中合流した開拓団が七、八箇所、それに日本軍も加わって総勢三、〇〇〇人余の難民となっていた。ここで進駐したソ連軍が日本軍を武装解除。八月一五日に日本の敗戦は耳では聞いていたが、山と積まれた日本軍の引き渡し武器を目の前にして、松田ちゑさんは改めて日本の敗戦を実感したのだった。

《街に入りますと、道路の両側の中国人が、列を作って黙々と黙って歩く哀れな難民を見送っていました。街では食べ物をたくさん売っていました。私はハルビンまで何日かかって着くものやら、また山中に入れば食べ物がなくなるからと思い、少し買って行こうと店に入りました。そこで売っている乾パンは日本軍の乾パンでした。

日本軍の食糧、軍服、乾燥野菜、米、粟、その他すべての日本の品物が中国人の手に入り、ソ連軍が奪い合っていました。日本の品々を日本の難民は一〇倍も高い値段で買って食べなければならなかったのです。

私も生き続けるために子どもを背中に、衣服に縫い付けた少しばかりのお金を取り出して、二〇〇円で乾パンを二袋買って街を出ました。間もなく、山道や坂道を登ったり下ったりで、雨上がりの道は悪く、歩くのも困難でした。

十何日も山道を歩いたので、開拓団を出る時の靴も殆どすり切れて、どの人も素足になっていました。足に木が刺さり血を流しながら歩く人、子ども達も怪我が絶え間なく、足を引き摺りながら母の手にすがり、泣き泣き歩く子ども達が可哀想でした。（略）

四〇里、五〇里と歩く途中、子どもと年寄りが疲れと飢えから倒れる人が続出していました。それらの死体が置き去りにされました。》（同書）

方正の煙突は見えたが

やがて松田さんたちの一行は、方正の街の煙突が見えるところまで辿り着く。難民たちの胸には、生きて祖国へ帰る思いしかなかった。松田ちゑさんの一行に限らず、方正を目指したすべての難民・老幼婦女子たちにとって、方正は祖国へ帰るための一つの通過点のはずだった。方正の次はハルビン、その先がまっすぐ祖国日本につながっていた。

だが、方正の煙突が見えるところまで辿り着いた松田さんたちの一行は、方正の街には入れずに、街から六キロほど離れた伊漢通開拓団へ行くように指示される。

《ここは開拓団が引き揚げたあとの家屋なので、戸障子は剥がされて空き家になっており、ここが収容所となっていました。三、〇〇〇人からの難民は、五つの部落に分けられました。

私が分けられた部落は、人家が二六軒で厩が二軒でした。一軒に開拓団の一つの部落の人が全員寝泊まりして、そこで収容所生活が始まったのです。

昭和二〇年九月三日から方正県の伊漢通開拓団部落五班という収容所で生活することになりました。収容所に入るのはわずかな期間だけで、間もなくハルビンに出て、そこから懐かしい祖国日本に帰れるものとばかり考え、その日を楽しみに、すべてを忍んでいました。しかし、その機会もなく、ここで冬を越さなければならなくなったのです。その上、食べ物はなく、体は弱る一方でした。ここの開拓団の人が残していったトウモロコシと大豆を畑から取って食べていました。しかし、あんなに広い畑の食糧も半月と持たず、平らげてしまいました。収容所生活となってから栄養が不足し、その上、寒さにも耐えられずに、子どもとお年寄りは次々と亡くなっていきました。》

＊

松田ちゑさんたちの一行が伊漢通開拓団跡に入った九月三日、ほかの地区から別の逃亡ルートを経てここに辿り着いた老幼婦女子の一行も大勢いました。埼玉県が送り出した小八浪中川村開拓団（三江省樺川県）もその一つである。樺川県に展開していた開拓団は、松田さんたちが入植した伊蘭よりも北で、ソ連国境にも近いため、混乱と犠牲はさらに大きかった。

子を遺棄し、絞殺し

《八月一八日　漸く七虎力河の渡渉完了、前進して杵木台地区に入る。橋梁はみな破壊されて一つもない。窪地に入るや、戦闘は、またいよいよ激烈。反乱軍はここに待ち伏せ、われわれ婦女子の部隊の全滅を図ったものと思われる。情報を探れば、この匪団は反乱軍の大部隊で、騎馬部隊から砲まで持つ大部隊のことである。

今や絶対絶命、各団の幹部は重傷の警察署長を中心に協議、いよいよ最後の時と決意して、敢然闇をついて敵陣に斬り込みと衆議一決……。これを聞き、一同は各々最後の覚悟を決め、本団の木村儀三氏は愛妻に因果を含め、自分の手にかけて一切の後顧の心配を絶ち、単身斬り込みの用意をする。また、婦女子は各々の傷つける身に軍刀、手槍を持って斬り込む決意をする。壮烈悲壮の状況……》（全国拓友協議会発行『満州開拓史』）

こうして死地をくぐり抜けて八月一九日、大平鎮に到着し、日本軍と合流、伊蘭街道を経て団山子へ。

《八月二一日　早朝、軍の命令を聞けば、今日は行軍一五里とのことである。ために女と子ども達は驚く。そして、ある者はここで絞殺したり遺棄したりした。私の母も孫を背負ったまま、この朝、行方不明となる。さながら生き地獄そのままであった。

依蘭の状況険悪の報に路程を変えて、老爺嶺入りと決定、軍と共に強行軍を続けた。老爺嶺に入るや一時銃声は途絶えたが、森林深まるにしたがって、神林木の密林昼なお暗い山中に露営を重ねつつ、谷間は膝を没する湿地から、丈なす草をかき分けかき分けての行軍は、歩兵部隊すらきわめて困難とする。この山中の行軍、まして子どもを連れての婦女子老人部隊の行軍、いかに苦闘の極みであったかは、言語に絶するものがあった。》（同書・第七次集団中川村団長、堀口辰三郎氏）

＊

中川村開拓団の一行は、こうした苦難を経て、八月三一日、ハルビン街道に出て有山部落で露営。この夜、ソ連軍使と通訳から初めて敗戦を知らされた。

九月二日、ここでソ連軍によって武装解除され、方正に連行された。

九月三日、伊漢通開拓団跡の収容所に入ったが、中川村開拓団の総人員二七四名、避難中の犠牲者六四名と記されている。

同書の著者、堀口氏の報告によれば、九月五日から、この収容所における難民生活は、それまでのソ連軍による管理から各避難民部落の自治に切り替えられたという。

誤った命令とデマで

佳木斯《ジャムス》から、さらに北、ソ連との国境により近い入植地にいた開拓団であっても、無事にハルビンへ脱出できた人たちもいた。たとえば、鶴岡方面の静岡村開拓団員等約七〇〇名は、八月九日、一〇日に、佳木斯より南の集団、第二次千振村開拓団に避難した。彼らが目指したのは、牡丹江経由、汽車でハルビンへ避難することだった。しかし、林口、牡丹江が爆撃されたため、急遽計画を変更、反転して、綏化線で綏化《すいか》へ向かった。

この千振開拓団に避難命令が出たのは、八月一一日、その前日一〇日に、開拓団の残った男子五〇名は、根こそぎ動員で応召されていた。一二日、飛行場に全員集合、その数は、約一、〇〇〇名。この第一隊は、翌一三日の午後、汽車で佳木斯経由で、綏化へ向かった。

第二隊として残ったのは、青森、富山、福井、山形、宮城の大部分および、山梨、新潟の一部、それに瑞穂部落の全員という構成。この第二隊は、すぐ第一隊の後を追うことができず、苦難の道を辿ることになる。第一隊の後を追って汽車による避難を選ばなかったのは、

①警察がその場所の死守を厳命したこと。
②ハルビンがすでに陥落したというデマが伝えられたこと。

などによるものであった。

この第二隊の一部、約三、〇〇〇名は、千振から徒歩で出発、八月一七日、依蘭に到着した。残りの開拓民のうち宮城の大部分、山梨の一部は、八月一七日に依蘭へ向けて出発。しかし残った宮城の八一名は千振飛行場で服毒自決を遂げている。

依蘭に逃れた一行は、さらに方正に向かったが、途中、約二〇名が死亡、三〇名が行方不明となっている。

方正に辿り着いたこの一団は、ここで越冬し、その後、各自分散し、二一年一月一〇日、または二月一五日に徒歩で珠河を経由、ハルビンに向かった。ハルビンに到着後、この一行は花園小学校に収容されたが、この時の人員は一五〇名に減っていた。(『満州開拓史』)

このように北満各地からハルビンを目指しながら、方正で越冬を余儀なくされた難民のうち、一部はさらにハルビンへ向かうことができた者もいるが、ほとんどの老幼婦女子は、方正に辿り着くまでに命を落とすか、生きるために方正に残らざるを得なかったのである。

「無限の忍苦始マリタルナリ」

では、一九四五年八月から秋にかけて方正にたどり着き、ここで越冬した開拓団はどこから逃れ、どれほどの人数だったのか。庵谷磐氏（中国帰国者問題同友会代表幹事）提供の諸資料及び『満州開拓史』によれば、次の通りである。

■三江省樺川県から八月中、下旬にかけて流入した開拓団員
方正へ七三九名（滞在中の死亡五三六名）
伊漢通へ三二九名（滞在中の死亡一五七名）
■同依蘭県から
方正へ九七二名（滞在中の死亡九〇四名）
伊漢通へ五一名
■同通化県から
方正へ二八〇名（滞在中の死亡一四七名）
他に佳木斯市民一、七三〇名が加わって流入者合計四、一〇一名。
これに方正県内の開拓団員一、六七一名を加えると、五、七七二名である。

＊

敗戦時、方正県には次の三つの開拓団があった。
伊漢通（鹿児島、沖縄から入植）
大羅勒密九州村（長崎を除く九州各県から入植）

大羅勒密九州竜郷村（鹿児島県から入植）

この方正の地元にいた開拓団は、奥地から苦難の逃避行をして方正にたどり着いた他の開拓団に比べたらハルビンへの避難も容易だったかといえば、事実はそうではなかった。

《一九四五年八月二五日、方正県公署（県庁）から方正街集結の命令を受け、徒歩で南下した地元の伊漢通開拓団員七五三人は、八月三一日の南下地点で引き返し命令を受け、また伊漢通まで戻ってきました。方正を拠点とした日本軍（関東軍）に徴発されて、車馬もないことが避難行をますます困難にしました。南下した道をまた逆戻りさせるような無計画な命令で、野宿を重ねたことが病死者を増やしたと、開拓団責任者の安田宗孝は報告しています。戻ったものの「餓死ト凍死ト無限ノ忍苦生活始マリタルナリ」だった。一九四六年五月、開拓団の人口は二〇五人になっていました。死亡者三〇八人中二〇九人は子どもでした。「満妻」と記入されている中国人妻が六八人に達していました。中国人家庭に瀕死の状態で担ぎ込まれた人も多かったのです》。（『満州難民祖国はありや』）

辿り着いた開拓団・内訳

奥地から方正に辿り着いた開拓団の農民たちは、伊漢通開拓団の諸部落に収容されたほか、興農合作社跡収容所（興農合作社倉庫及び二階建て庁舎。二〇間×五間の建物二～三棟）に難民数千人を収容した。（『満州開拓史』）

こうして県外から方正地区に流入した開拓団の内訳は次の通りである。但し、人数は開拓団の在籍人数であり、内、カッコ内は応召者数である。従って避難途中の死亡者などを差し引けば、方正、伊漢通の各収容所に収容された人数は、これをかなり下回わることになる。ただ、後述のように、一九四五年の冬を越した後、翌春に各収容所で生き残った難民数は実数だから、この間の過酷な状況は、この数字の比較からも容易に想像できる。

＊

■樺川県

柞木台開拓団（徳島、愛媛、高知から入植）五七四名（一一四名）方正収容所へ
公心集読書村開拓団（長野から入植）八一四名（一四二名）方正収容所へ
大八浪泰阜村開拓団（長野から入植）八九四名（一三七名）伊漢通収容所へ
小八浪中川村開拓団（埼玉から入植）六〇七名（一三七名）伊漢通収容所へ
大八州開拓団（山形ほか九県から入植）三〇九名（七五名）方正収容所ほか新京などへ
日高見開拓団（北海道ほか一五県から入植）三七八名（九七名）方正収容所へ

晃振開拓団（山形から入植）一〇四名（一六名）方正収容所へ

■通河県

太平山開拓団（山形から入植）四三四名（六五名）方正収容所へ

大通河開拓団（長崎から入植）三四〇名（四四名）伊漢通収容所へ

■依蘭県

馬太屯開拓団（山形から入植）六四二名（九一名）伊漢通収容所へ

北靠山屯開拓団（山形から入植）五九五名（一一五名）伊漢通収容所へ

裕家真砂村開拓団（島根から入植）九〇名（不明）伊漢通収容所へ

大頂子東仙道村開拓団（島根から入植）一〇九名（一二名）伊漢通収容所へ

広富山南都留郷開拓団（山梨から入植）四五三名（三四名）伊漢通収容所へ

西河郡山開拓団（福島から入植）一三三名（三三名）方正収容所へ

飯塚高崎郷開拓団（群馬から入植）一三五名（一九名）方正収容所へ

依蘭岩手開拓団（岩手から入植）三三四名（三九名）方正収容所へ

依蘭天田開拓団（京都から入植）一三六名（三九名）方正収容所へ

＊

各収容所では、二間の住居に八〇人がひしめき合うという圧殺状態だったが、難民を苦しめたのは、それだけではなかった。

《ソ連軍兵士による女狩り、防寒被服や寝具の略奪が日夜続きました。四五年一一月末でソ連軍は全員引き揚げ、地方治安の満系保安隊が治安維持にあたる。だが、「悪行ハソ軍ヲ凌グモノアリ」でした。

「無闇ノ発砲ニテ人命ヲ害スル者数度ヲ超へ、瀕死ノ病人ヨリ着衣ヲ剥ギ、病院ノ寝具スラ掠奪シテ病ヲ重カラシメ、又武器隠蔽調査ト称シテハ全員ノ身体検査ヲ執行シ、手当タリ次第、着衣、装具、所持品中、自己ノ欲スルモノヲ剥奪スルヲ権利ノ如ク行使シ」と陳情文は続きます。外へ出て働ける防寒具を持つ者は一割に充たず、老若男子と婦女子だけの集団の中で四五年一一月、死者は三割に達した。開設した病院も、医師は病に倒れ、薬も切れて燃料もない。入院は死を意味した。

「一一月ニ入リ越冬必至ト感ズルヤ家屋修理、薪材採取ニ全力ヲ傾倒セルモイカンセン、スコップ一ツ無ク、寒烈襲来ト共ニ凌ギ兼ネ、加フルニ食糧、資金ノ欠乏ニ蛩固ナル覚悟モ遂ニ潰レ、幼児ヘノ愛ト共ニ生キ延ビントスルモ人間ノ惨状ニ堪エ兼ネ夫トノ再会ヲ待チ切レズ止ムナク満妻トシテ嫁シタル其ノ数、数百ニ及ビタリ……敗戦国ノ悲哀、真ニ骨髄ニ徹スルモノアリ……生計経営ノ見通シ全ク無ク途方ニ暮ルル現況ナリ」

と七つの開拓団と依蘭街の責任者名で「即刻救護の手を」と（中国東北地方日本人居留民救援会に）

陳情したのでした。しかし、救護の手は届かず死者はさらに増えていきました。》（『満州難民　祖国はありや』）

＊

『満州開拓史』もまた、この時の伊漢通収容所の様子を次のように記している。

《依蘭県裕家開拓団員の報告によれば、「衣料、食糧その他所持品の大部分を掠奪され、飢餓と寒気の募る中に暖房、医療施設など全然なく、全員が栄養失調と悪疫に悩まされ、あるいは満妻となり、あるいは満人に一人二〇〇円で子どもを売る者等が続出した。伊漢通団本部では約二、〇〇〇名が収容され、その半数が死亡した。昭和二〇年一二月に屯長が日本人救助布告を出し、満妻または満妾となることを奨め、満人の下層階級は日本人を妻に要求した。」以上は、裕家開拓団を中心とする昭和二〇年八月二〇日から昭和二一年四月一二日までの伊漢通収容所での状況であるが、馬太屯開拓団員の報告によれば、二一年一月二一日、方正、伊漢通に各方面から集結した人員は、約八、〇〇〇名で、そのうち四、五〇〇名が死亡したという。》

この時の体験を松田ちゑさんは、次のように証言している。

月光の下で娘は…

《収容所生活も二ヶ月あまり過ぎ、一一月中旬ごろになると、寒さが身を刺すように厳しくなってきました。

ある夜のことでした。月は真ん丸く煌々とさえていました。収容所は静まりかえり、難民が眠りに入ったころです。私もわが子を固く抱きしめて、毛布一枚、ムシロを頭からかぶって、いつしか眠りに入り、懐かしい故郷に帰り母と兄妹に迎えられ、おいしいご馳走を食べようと、箸を取った途端、戸口の方でどやどやと騒がしくなり、パンパンと鉄砲を撃つ音が聞こえたのです。驚いて、わが子をしっかりと胸に抱き、死なば子供と一緒にと覚悟を決めました。

戸口の方で眠っていた人達が、何も言わずにドヤドヤと奥の方に逃げてきて、一家の人は、みんな死なばもろともと無言のまま、ひとかたまりになって殺されるのを待っていました。あまりの恐ろしさに泣く子さえいません。

外は、月の光で明るかったようでしたが、家の中は暗闇で何も見えず、かたまった人の無言が一〇分、二〇分ぐらい過ぎたころでした。外から一人の娘が泣きながら、丸裸にされて入ってきました。娘は今の出来事がどんなに恐ろしかったのか、ブルブルと震えて泣くにも泣けず、震えが止まりませんでした。「ロスケが帰ったの」と聞きましたが、震えるあまり口もきけず、ただ頭を下げるだけでした。私はあまりにも残酷なやり方に、怒りと憎しみで胸が裂けるほどくやしくてなりませんでした。

丸裸の娘に何か着せなければと思い、拾ってきた日本軍の外套を与えました。私を寒さから守ってくれる一枚の外套でしたが、丸裸の娘を見ると与えずにはいられませんでした。娘は、有難うも言えず、ただ、震えながら、頭を下げるばかりでした。

ロスケは、満足して帰ったらしく、何の音もしません。それから、家の中の人々は眠ることができず、座り直して、一言二言、内緒話のように静かに話しながら、夜明けを待ちました。

夜が明けてから娘の母親から経過を聞きました。暗闇の室内へ二本のローソクを持って入ってきたソ連兵三人は、銃で威嚇しながら入口近くにいた姉妹と母親、その妹を連れ出して乱暴し、あげくに良い服を着ていた娘の身ぐるみ剥いで帰ったのだった。飢え、寒さ、病気の上にこんな恐怖も日夜、避難民を脅かし続けたのである。

那須ますゑさん（六四歳、一九三七年生まれ）は、この時、方正の興農合作社跡収容所にいた。出身は、山形県山形市、開拓団は、松田ちゑさんと同じ、依蘭県北靠山屯村山郷開拓団だったが、天童市出身の松田さんが九号部落なのに対し、那須さんは二号部落だった。そのため方正にたどり着いた後の収容所も松田さんが伊漢通開拓団跡だったのに対し、那須さんは興農合作社跡の建物だった。

出産翌日の逃避行

「両親が私たちご五人の子どもを連れて一家七人で満洲へ渡ったのは、昭和一五年三月でした。一番上の私が一八歳、一番下の妹が三歳の時でした。開拓団で結婚した私は二人の子どもをもうけ、昭和二〇年八月には三人目の子どもが今日にも出産する、という状態でした。

忘れもしません。八月の初めに夫が召集され、明日一五日は避難のために現地を出発するという連絡がきたその一四日、朝から強い雨でした。夜になって陣痛が始まりました。しかし病院にはもうだれも人がいません。そのため、子どもは同じ村の松田ミカさんが取り上げてくれました。

翌朝、ご飯を食べ、午後出発でした。二人の妹と弟が私の三人の子どもをおぶって住み慣れた開拓団を後にしました」

分娩した翌日の避難出発である。両親と那須さん、姉妹弟五人、それに昨日生まれたばかりの赤ちゃんを加えて那須さんの子どもが三人、合わせて一〇人の家族が開拓団一行に混じって山野を彷徨した。

「子どもたちは腹がへったと泣きながら歩く。のどがかわけば山ぶどうの蔓を食べました。ある母親は二人の子どもを連れてはみんなについて行けないと、子どもを山に捨ててしまいました。子どもはどんな思いで死んでいったのでしょう。子どもや年寄りが死んで行くのを数えきれないくらい見ました。川を渡るときも流されたり、飢えて力がつきた人たちもいました。

幸い、私の家族は一人も欠けずに方正までたどり着くことができました。」

生後二日の嬰児と産婦を抱えた一家は、この超劣悪な条件の下で生き抜き、方正に到着したのだった。だが、そこまで強靭な生命力をみせた那須さんの家族も、零下四〇度という酷寒、飢餓、栄養失調、発疹チフスという追い討ちに、父親と幼児三人が息を引きとった。

凍土の穴に死体を積み重ねる

一方、この頃、松田ちゑさんがいた伊漢通の収容所でも同じように同胞がバタバタと死んでいった。

《昭和二〇年の一二月、収容所の難民は食べ物がなく、着る物も薄く、外に出れば身を刺すほどの寒さでした。難民は栄養不良から酷寒に耐えられず、病人が続出、死亡者が日一日と多くなってきました。記憶では一一月ごろに一日一五人くらい、毎日のように死にました。一二月になってからは、一日二六人もの人が亡くなったことを覚えています。

九月、一〇月ごろはまだ地面が凍らないので、土を掘って埋めましたが一一月、一二月になると、土がカンカンに凍って掘ることもできなくなりました。この部落の開拓団には、寒い冬の食べる野菜を凍らぬようにして置く菜場掘穴《くっけつ》がありました。その穴は、幅五メートル、長さ一〇メートル余もありました。その穴に死体を積み重ねました。その穴も一二月には一杯になってしまいました。

〈中略〉

その頃から国道はブウブウ夜昼なく自動車が下っていくようになりました。自動車にはソ連軍がぎっしり乗っていました。それはソ連軍の引き揚げのようでした。ソ連軍の引き揚げが終わった頃、中国人民解放軍、八路軍が方正県に入ってきました。

方正県が中国人民政府に変わってから、方正県人民政府は、敗戦日本人の難民を見て、このままでは難民全部が凍死、餓死してしまう。日本人民には罪はない、軍国主義の犠牲者だと、温情で接してくれました。だが、人民政府も立ち上がったばかりで、どうしようもできなかったのです。

それでまず、日本婦人または子どもを中国人がもらって助けてやっても良い、と政府から指示があったのです。その後、婦人をもらう人、子どもを引き取る人が、毎日のように収容所に訪ねてくるようになりました。ここにいれば、最後には皆死ななければならない。死ぬよりは、中国人の家へ行って命だけ助けてもらえればよい。生きてさえいれば、きっといつかは恋しい故郷に帰れる時もあるだろうと、お互いに慰め合い、難民は寒さと飢えに耐えかねて、中国人の家に貰われて行く人が多くなっていきました。》（『開拓残留妻の証言』）

「白いおかゆをひと口…」

このような状況の中で、一家の大黒柱である父親を亡くした那須さんの家では、ますゑさんの二番目の妹が中国人の家に嫁として貰われていった。幸いその家は裕福で、妹の夫も心やさしい人だったので、収容所に残された那須さんの一家にひと冬中、食糧を運び続けてくれた。

毎日、難民が死んで行く。

「白いおかゆを一口食べたい」

と言って死んでいった人の顔が、五〇年経った今でも那須さんの目に浮かぶ。「死体を火葬するにも薪がなく、穴を掘るにも地下四尺は凍土です。そこいらに捨てられているのを見て、ここで死んではならぬ、日本の土を踏むまではと心に決めましたが、どんなに頑張っても病魔には勝つことができませんでした」

ついに那須さんも発疹チフスにかかり、高熱にうなされ、意識不明の状態が続く。心配した母親は、ますゑさんの頭を冷やしてやる一方、足元を温めてやろうと、鉄兜の中に薪の火を入れておいた。意識不明で熱さも感じなくなっていた那須さんは体を動かしたはずみに左足を鉄兜の中へ突っ込んだまま、誰もそれに気がつかなかった。

ようやく意識が戻った那須さんは、左足のかかとに激痛を覚えた。九死に一生を得て発疹チフスは治ったが、左足の酷い火傷で、立つことも歩くこともできなくなっていた。

娘を葬れない母親

伊漢通の収容所では、それまで元気にまわりの難民の世話をしていた松田ちゑさんもダウンしてしまう。高熱で食欲がなく、喉を通るのは水ばかり。発疹チフスは次第に重くなり、これが最愛の一人娘（当時六歳）に伝染してしまう。一九四六年一月一日、この親子を看病してくれていた開拓団の責任者・結城さんが、せめて元旦だけでもこの重病の母娘に正月を祝わせてあげたいと、丸い餅を二つ買ってきてくれた。やせ細った手に餅を持たされた娘は、力なく笑ったが、その翌日息を引き取った。

《私はどんなに険しい山道でもおんぶし、子どもだけは私の命と思い、ともに日本へ着くまでは子どもと一緒に帰りたいと思っていました。その甲斐もなく、子どもは私を残して先に旅立ってしまいました。》（同書）

最愛の娘を自分の手で弔ってやることもできず、骨と皮ばかりになった娘は、結城さんの手に抱かれて収容所を出て行った。これを横たわったまま見送った松田さんの病気は、その後、いよいよ重くなるばかりだった。ここで松田さんは重大決心をする。

《元気なうちは、「ソ連軍や中国人には死んでも行かない」と口癖のように言っていた私でした。しかし、死の道に一歩足を踏み込むと、人間の根性でしょうか、どう考えても死にたくない。今まで苦労のしっぱなしです。生きていればきっと光明が待っているかもしれないと、結城さんに「今まで世話になり放題で別れることは申し訳ありませんが、死にたくありません。中国人の家に行けば生きられると思います。元気になったら、きっと皆様に会いに行きます。結城さん、すみませんが、中国人が来たら私を世話して下さい。お願いします」と頼みました》（同書）

「私を殺してから帰れ！」

収容所の難民に底知れぬ地獄絵を見せつけた冬が終わり、方正に一九四六年の春がやってきた。四月中旬のことである。方正で越冬した人たちが、待ちに待った、祖国へ帰る機会がやってきた。足腰の立たない体になっていた那須さんも心が浮き立った。ところがその彼女に母親の思いもかけぬ言葉が伝えられたのだ。

「日本へ帰るといっても、この先どんな困難が待ち受けているかわからない。その時にその体では無理だ。ここに残れ」

この言葉を聞いて那須さんは気が狂わんばかりになり、母親を罵倒した。

「私だけ残して帰るなら、ここで私を殺してから帰れ！」

この時のことを那須さんは、今、こう振り返る。

「娘を一人だけ中国に残す決心をするまで、母はどれほど苦しんだでしょう。私も胸がはり裂けるほど辛かったけど、母の気持ちを考えると、今も胸が痛みます。

お前は字も読めるし、足が治ったら帰れるから、少しの間我慢しなさい、そう母になだめられて中国人の家へ行ったのです」

それは母親と妹弟三人が方正を発ってハルビンへ向かう四日前のことだった。新しい中国人の夫（故人）は、郭学先と言った。

「その時、夫は四五歳、私は二四歳、親子ほど歳が違いましたが、歳の差なんか考えることもなかった。助けてくれる人がいたら、どんな年寄りでもよかった。

夫はとても優しい人でした。先妻は、一人の子どもも生まないまま、亡くなって一二年になると聞かせてくれました。立ち上がることもできない体の私の、下の始末までしてくれる人でした」

死体が溶け始める

一九四六年の春の訪れは、方正の収容所にいた同胞に上述のような、祖国への引き揚げ開始という、計り知れない光明をもたらしたと同時に、もう一つ、誰の胸をも重苦しくさせる事態を引き起こし始めていた。前年秋から冬にかけて、ここで息を引き取った、おびただしい数の老幼婦女子の死体が、凍結状態から少しずつ溶け始めてきたのである。

《一九四六年（昭和二一年）三月末、方正県政府では収容所の日本人の死体が問題になりました。もう春で、だんだん暖かくなる季節が目の前に来ているのに、日本人の死体は各収容所に山積みにされていました。死体が凍っているうちはいいのですが、暖かい春になって溶け始めたらどんなことになるのかわかりません。そのままにしておけないということになったのです。

そこで人夫を雇い、馬車で各収容所の死体を全部、砲台山の麓に運びました。死体は土に埋まったものまで掘り起こされて運ばれました。そして、雑木林の中で三か所に積み重ねられ、石油をかけて焼かれました。》（前掲書）

＊

上述の収容所で死んだ同胞の死骸、約四、五〇〇〇体余りを砲台山の山麓へ運んで焼いた状況を、中国側の資料『夢砕満州――日本開拓団覆滅前後』（政協黒龍江省委員会文史資料委員会弁公室発行、一九九一年）は、次のように記述している。

《一九四六年方正県人民政府が成立。県人民政府は日本の開拓民の悲惨な死の情景を目の当たりに見て、ただちに死体の収容を決定した。

県人民政府は方正鎮、徳善、伊漢通などから人と車を動員し、雪の中から開拓民の死体を探して掘り起こしながら車に積んだ。当時、死体を扱った人の話によれば、一体一体、車に積み重ね、どの車も人の背丈ほどの高さに積み上げた。そして車から崩れ落ちないように、みんな縄で結わえた。このようにして各地から運んだ死体を、砲台山の東の楊二玄溝に集めた。およそ四、五〇〇体余りで、まるまる三つの山に積み上げられた。それからガソリンをかけ、三日三晩かけて焼いた。》

＊

それから二年の時が流れた。松田ちゑさんは、苦しい生活の中で、思いもかけず、このおびただしい白骨の山と再会することになる。

《一九四八年ごろ、寒い満洲の生活は苦しく、辛い日が続きました。食べることと一緒に家を暖めるため薪を焚かねばなりませんが、その薪が米より高かったのです。月末になると、主人の給料も使い果たして薪を買う金もなく、どうしようもなかったのです。そんな時でした。日曜日に二人で山へ柴刈りに行こうと思い、隣の家から荷車を借り、おにぎりを持って、一二、一三里ある山へ出かけました。その山は砲台山の麓です。奥へ奥へと進んで行くと、白い山が見えてきました。進むに連れて、その山はほかでもない、日本人の真っ白い遺骨の山でした。遺骨は三か所に分かれて山になっていました。

（略）

何千人もの白い遺骨の前に、私はひとりそばに咲いている草花を捧げ、南無阿弥陀仏と何回か唱え、手を合わせました。その当時の私には、遺骨の山を何とかしてやろうなどと考える余裕はなく、ただ呆然と見ているほかありませんでした。》（前掲書）

＊

そしてさらにそれから五年の時が流れ、一九六三年の春、話は本篇冒頭の砲台山麓のシーンへつながるのである。

＊

五年前には白骨の山を前にしてただ呆然とするほかなかった松田さんは、五年経ってそのまま放置してはおけない気持ちにゆすぶられた。同じ思いの栄さんと、自分たちの手で遺骨を埋葬する許可を方正県人民政府に申請する約束をして、砲台山の麓から自宅へ戻ったのだった。

「墓碑は人民政府の手で」

《栄さんの家から帰った翌日、私は、早速、方正県人民政府公安局日本人係に出向き、砲台山の麓にある日本人の遺骨について詳しく話をし、私たちの願いを許可して下さるようにお願いしました。

一九六三年（昭和三八年）五月二日、公安局から私に呼び出しがあり、出頭しましたところ、公安局の日本人係の人は、

「あなたたちの願いはよくわかります。あなたたちも日本軍国主義の犠牲者です。皆さんは現在中国の社会主義建設のために積極的に努力してくださっているのです。墓碑の建立は人民政府の手でやることに決まりましたから、皆さんは安心して家で一生懸命働いて下さい」

と申されました。私は中国人民政府に感謝の気持ちがいっぱいで、なんとお礼の言葉を贈ったら良いのかわかりませんでした。

「人民政府の皆さん、有難うございます、有難うございます」

と何度もお礼を述べました。私はさっそくこのことを栄さんに伝え、二人で喜び合いました。

五月四日、黒龍江省人民政府の方々と方正人民委員会、公安局の方々を先頭に砲台山の現地に向かいました。その時、遺骨の現場を案内したのは、栄さんのご主人の老鄭でした。その日、日本人の遺骨は残らず拾い集められ、土の中に埋められました。そして仮の墓標を立てて下さったのです。

＊

翌年、一九六四年一〇月には、ハルビンから墓石を運んできて『方正地区日本人公墓』と刻んだ立派な墓を建てて下さいました。》（前掲書）

八年間もの間、雨ざらしになってきた同胞の遺骨を、自分たちの手で埋葬させてほしいという松田ちゑさんたちの請願は、方正県人民政府を通じて黒龍江省人民政府に伝えられた。松田さんたちの善意はもとより問題ない上、遺骨は日本軍国主義の犠牲になった無辜の日本人老幼婦女子のものとはいえ、ことはあれほど中国人民に計り知れない災難を強いた日本の侵略戦争にかかわっている。しかも日中国交回復は未だ実現されていず、ようやく北京日本工業展覧会が開催された（一九六三年一〇月）ばかりという時勢である。黒龍江省人民政府からさらに中央政府に報告され、指示を待った。その結果、最終的に許可が出て、なおかつ公墓建立は人民政府の手で行うことになったのだった。

この間の事情を前掲『夢砕満州』は次のように伝える。

《一九六三年、黒龍江省人民政府は一万元を支出し、吉興村ダムの東側、砲台山の西北に一基の墓を建立した。

（略）

一九七五年、吉興村ダムを拡張するにあたり、黒龍江省人民政府に許可してもらい、公墓を砲台山の北側の麓に移した。この時、省人民政府は、また五万元を支出し、直径三メートル、高さ一・五メートルのコンクリート作りのお墓を修築、お墓の北側に、高さ三・三メートルの大理石の石碑を建て、碑銘を『方正地区日本人公墓』とした。》

＊

この記述は、松田ちゑさんの証言と少し食い違う。『夢砕満州』では、『方正地区日本人公墓』と刻まれた石碑は、一九七五年に作られた、とあるが、松田さんの証言では、一九六三年に仮の墓標が建てられ、翌六四年一〇月にハルビンから墓石を運んできて『方正地区日本人公墓』と刻んだ立派な墓を建てて貰った、とある。

これは明らかに『夢砕満州』の誤りである。一九七五年吉興村ダム拡張のため、日本人公墓を、それまでの砲台山西北山麓から北側山麓に移したのは事実だが、墓石も碑銘もこの時新規に作り直したのではなく、いずれも「移動」であった。それは、『方正地区日本人公墓』の建立経過を調べていくうちに、思いがけない新事実を探し出すことができたからなのである。

中国側生き証人に会う

亡き同胞のお墓を建てさせてほしいという松田ちゑさんらの請願は、方正県人民政府を通じて黒龍江省人民政府に届いたが、省人民政府で直接この問題の処理に当たった生き証人から話を聞くことができた。公墓建立時、黒龍江省外事弁公室にいて、中央政府との連絡、石碑の選定、墓碑銘の揮毫依頼、そしていよいよできた墓碑を船に乗せ、松花江を通って現地まで運んで建立するまで、あらゆる場面で陣頭指揮にあたった趙喜晨氏（六七歳、現在、北京在住、北京新華旅遊集団公司・常務副総経理）である。彼は当時のことをつぎのように振り返る。

「方正地区日本人公墓の一件は、黒龍江省人民政府外事弁公室から中央の外交部に報告され、外交部の批准を経て動き出したものです。当時の外交部長は陳毅さんでした。

この時私は、省の外事弁公室で仕事をしていて、当時すでに中国と外交関係を樹立している国との仕事に従事していました。当時まだ外交関係を結んでいない国に対しては、中国人民対外友好協会黒龍江省分会や黒龍江省中国紅十字協会などが前面に出て事に当たっていました。しかし、その場も外国にかかわることはすべて省外事弁公室の指導の下に行動していたことは言うまでもありません」

日本人公墓の建立は、当時まだ国交を回復していなかった日本国にかかわる問題であることから、前面には黒龍江省紅十字協会が窓口になり、実質的には省外事弁公室が支えていた。具体的には趙喜晨氏が省紅十字会の謝守臣氏とコンビを組んでこの計画を推進していたという。

＊

松田ちゑさんの証言によれば、一九六三年五月二日。方正県人民政府公安局から呼び出しがあり、「墓碑の建立は、人民政府の手でやることになったから」と言われたという。これは、省政府の決定を趙氏から方正県に伝えられたことによるものだが、当時の中国の国内事情、日本人残留者が置かれた状況などを、黒龍江省人民政府が総合的に考慮した上での決定だった。これについて趙氏は次のように語っている。

「あの頃、毎年連続して発生した大きな自然災害からようやく抜け出したばかりの中国では、人民の生活が非常に苦しく、すべての物資は計画にしたがい、国家が発行する配給切符によって供給していました。そういう状況の中で、中国に残留する日本人の生活状況を把握するため、外事弁公室は、省公安庁、省衛生庁、省紅十字会などと一緒に、黒龍江省に在留するすべての日本人を調査したところ、各地で生活する日本人が日常生活の上で、非常に苦しい状況に置かれていることがわかりました。そこで省政府の承認を得て、次のような措置をとりました」

その措置とは、次のようなものだった。

①主食、食用油、肉類、砂糖、綿布などの供給および医療、就職、子女の就学などの面で、中国人よりもはるかに優遇する特別な政策規定を制定した。

②特に苦しい日本人には救済金と物資を与える。

③日本人が個人的に、またはグループで企業を作ることを認める。例えば服飾加工などのようなものに、政府が設立資金や場所を提供し、営業許可証を発行する。これらは当時においては非常に特別な配慮だった。そうしたことは資本主義路線につながるやり方と見られ、中国人には許されなかったからである。

④方正地区には、日本人が多く住んでおり、出てくる問題も切実なものが多かった。その中の一つが一九四五年に死んだ同胞のために公墓を建立したいという問題だった。当時、日本人がどこかに墓碑を建てることは不可能だった。土地が必要だが、土地は国家の所有である。それに建立の資金もまったくない。

こうして日本人公墓は、省政府の手で建設を進めることになったが、公墓の建設費、植樹緑化の費用、公募までの道路を建設する費用など、しめて数十万元を申請し、これが承認された。

陽があたる斜面に

公墓をどこに建設するかについても曲折があったようだ。最初に候補地として上がったのは、比較的低い土地だった。しかしここでは将来、水害の心配があるというので、改めて陽があたる、高い斜面に選び換えた、という。

こうして、公墓建設のための基礎条件を一つ一つクリアしていった趙氏にとって、最後に残ったハードルが二つあった。一つは墓石選び、もう一つは、碑銘を書いてくれる書家探しと刻字の手配だった。

まず、墓石をどのようにして選び出したか、について。

「解放後、ハルビンの市街規模はどんどん広がっていき、昔は郊外だった墓地も市街区に包み込まれてしまいました、そのため墓地を新しく郊外に移さざるを得なくなりました。ハルビン市太平区に外人墓地が一つあったのですが、市政府が墓地の移転を公告で知らせた後、半年経っても移転しなかったお墓については無縁仏とみなし、市政府の手でこれを処理しました。お骨は地下深く埋め、地面にはなんの痕跡も残さないようにしたのです。このために、誰も所有を認めない墓石がたくさん出てきました。

私たちが墓石を必要としたのは、ちょうどこんな時だったので、私と謝守臣さんは山のように積み上げられた墓石の中から、一番大きく一番きれいなイタリー製の花崗岩を探し出したのでした。」

*

日本人公墓の碑文をどのようにするかについて、省の関係者の間では、『日本侵略中国人死亡日本人公墓』とすべきだという意見がありました。これに対して、当事者の一人である趙喜晨氏は、次のように主張した。

「日本軍国主義と日本人民をはっきり区別しなければならない。ここで死んだ日本人民もまた侵略戦争の犠牲者である。多くの日本人民の理解を得るためにも、そのように書くべきではない。」

そして、趙氏の意見はこうだった。

完成直後の日本人公墓。植えた木々もまだ幼い

（右に）
一九四五年亡故
（中央に大きく）
方正地区日本人公墓
（左に）
一九六四年十月立

これは当時、右傾思想の誤りを犯す危険がある表記、ということだった。しかし、最終的には外交部に双方の意見を具申したところ、趙氏の意見が採用されたという。

碑銘が決まって次は書家探しである。

碑銘揮毫代は、酒2ダース

「これは子々孫々まで伝わる大事な文字である。したがって、優れた書家に揮毫して貰わなければならない、と私は思いました。そんなことを考えていた時、職場の入り口に掲げられている大きな額が目に入りました。行書で書かれた『黒龍江省人民政府外事弁公室』という文字です。雄大で力強い上、端正で重々しい。これはぜひともこの書家に書いて貰いたいと思い、この書家を探し始めました」

趙氏はその書家をついに捜し当てた。それは黒龍江省文史館の秦玉珊という、この時、七五歳の老人だった。この老人に日本人公墓の碑銘を揮毫してもらうには謝礼をどうしたらいいか、という問題があった。

「当時、お金よりも物が貴重な時代でした。ほとんどすべての食品、衣料の支給は限定されていた時代です。この老先生はお酒がとても好きな方でした。それで彼の申し出は一文字につき、お酒一瓶でどうかというのです。しかし政府がやることとはいえ、あの物資の不足の時代です。茅《マオ》台酒《タイシュ》のような高級酒は手に入らない。私たちは秦老人に、わりと良いお酒を二箱、合わせて二四本、差し上げることにしました。これは老先生が要求した数量よりはるかに多かったのです。彼は大変感激し、なかなか飲もうとしません。しかしやがて気持ちが定まった様子で、やおら飲みながら書き始めました。酒が彼の感興を高めていくのがこちらにも伝わってきました。そして書き上げた文字は、実に素晴らしいものになりました。関係者は、その文字に大満足でした。」

碑銘が書き上がっていよいよ刻字の作業工程に入りました。

「腕のいい石工を探して秦先生の書き上げた文字を花崗岩に刻んでもらうことになりました。この彫刻作業の間、私たちは何度も作業場に足を運んで、誤って石が欠けることがないよう細心の注意を払って彫ってくれるように言いつけました。二十何日かかって、中国人民の友情が込められたこの立派な墓碑はついに彫り上がったのでした。」

ハルビンから方正県まで、今でこそ立派なハイウェイが走っているものの、その当時は直接通じる鉄道もなく、平坦な道路もなかった。

二日がかり川舟で運ぶ

出来上がった石碑をハルビンから方正まで運んだ時の詳細な状況を趙喜晨さんは記憶を辿って書き留め、あらためて次のような一文を送ってくれました。

「方正県は、松花江下流の南岸に位置する。ハルビン市から一六三キロ、当時は黒龍江省でも有名な、貧しい僻地の一つだった。交通は不便この上なく、鉄道も平坦な公道もなく、夏場唯一使えるのは水路だった。

石碑はとっくにできていた。石碑に触れる部分は稲藁の袋で包み、角材と板でがっちり包装、倉庫の中に置いて発送の時を待った。この頃、松花江はちょうど水位の低い季節であり、石碑は重いのに大きな船は航行できない、小さな舟では浮力が小さすぎる、ということでしばらく運ぶ方法がなかった。

私は絶えず黒龍江省航運局と連絡をとり、松花江の水位煮状況を問い合わせた。私たちはあせる気持ちを抑えながら松花江の水位が上がるのを待った。待つこと約半月、水位が上がってきたことがわかった。私たちは墓碑をハルビン市道外北七道街の貨客船着場へ運び、船の船底部にある荷物室に据え付けた。

墓碑を建てる場所は、伊漢通の船着場からそれほど遠くなく、約四、五キロ。そこでまず墓碑を伊漢通まで運ぶことにした。ハルビンから伊漢通までは約一八〇キロ。石炭を燃料にする船の運航速度はのろい。それに航行できるのは昼間だけ、夜は停めて岸につながなければならない。大型船は二日間航行し三日目にやっと伊漢通についた。

この時、運送に携わった人の話によれば、墓碑を船に積み込むのも、船から下ろすのも、そこから（トラックに）乗せる時も、すべて人力により、合わせると三〇人以上の人たちが携わった。伊漢通波止場に着いてからは一本の丸太を四人一組で担ぎ、丸太の真ん中に太い麻の縄を下げて墓碑をつるした。全部で三組の担ぎ手がこの一トン余りある墓碑をぶら下げ、上げ下ろしや、前進を指揮した。彼らはほんの少しづつ急峻な岸の上まで墓碑を運び上げた。県政府が手配した一台のトラックの荷台に二枚の厚くて長い板を二〇度の角度でかけ、間隔を一メートル空けて墓碑を担いだ人が、双方から上がれるようにした。墓碑をトラックに積み込んだあと、ロープで固定した。

松花江の水位が上がったお陰で墓碑をここまで運べたわけだが、方正ではもう一週間も雨が降り続いたため、雨水が大地に浸透し、地面が雨水でどろどろになっていて、少しでも硬い地面を探すのも大変だった。これだけ重い物を載せたトラックは泥んこの中を蛇行しながら、のろのろと、しかし懸命に走った。わずか四・五キロの道をトラックは一時間かけて走った。

水害の心配がないように、墓地は日当たりが良く、緑したたる大森林に接し、空気の清澄な、高い斜面を選んだ。墓碑の基礎は赤レンガとセメントでとっくに出来上がって、ただ墓碑が据え付けられるのを待っていた。この日は珍しいほどの晴天で、太陽が輝き、空は青く澄み渡っていた。大体、お昼頃、数え切れないほどの苦労の末に作り上げ、はるばる運んできた墓碑を、神妙な面持ちで丘の上に立て、日本人の亡霊を中国の地から、はるかに富士山が見えるように、はるかに故郷や肉親が眺められるようにしてあげたのだった」。

そして、この手紙の最後をこう結んでいる。

「日本の軍国主義者が日中両国の人民にこのような悲惨な歴史をもたらしてから、もう半世紀が過ぎた。前人の過失を後世への戒めとなす。私は私たちの世代および子々孫々に至るまで、二度と再び戦うことなく、いつまでも隣人としてお互いに手を携え、幸せな生活を一緒になって作り出すことを心から願うものである」。

文革の嵐の中で

この時の省委書記（中国共産党黒龍江省委員会書記）は、欧陽欽氏、省長は、李範武氏、方正県県委書記は、徐継賢氏、県長は、王均武氏だった。（元方正県人民代表大会常務委員会副主任・王鳳山氏提供の資料による）

このあと中国は、一九六六年から一〇年間、激動の時代をくぐり抜けた。文化大革命である。この嵐が中国全土で猛り始めた時期、これまでの権威や価値が否定され、おびただしい数の文化遺産が取り返しのつかない破壊、消滅に遭った。

「黒龍江省でも一九六六年八月、ハルビン市南崗区の中心にあって、世界でも同じ構造の建物がもう一つしかないというギリシャ正教の教会、ニコライ堂（俗称・ラマ台）が『四旧』を叩き潰せ、という掛け声で見る影もないまでに破壊され、教会内にあった経典、骨董、器具、聖像などが壊されたり、あとかたもなく散逸してしまったりした」（ハルビン市人民政府地方志編纂弁公室『ハルビン歴史編年』一九九二年）

建物や器物だけではない。敵対する人間に対してもまた、完膚なきまでに肉体と心を嗜虐してやまなかった。それは後年、記録や文学作品に余すところなく映し出されたが、少なからざる場所で、日本人であることが攻撃の標的にもなった。養父母に預けられた残留孤児が、自分が日本人であることを聞かされたのは、文化大革命の嵐が収まってからだったとか、災いがふりかかるのを恐れて、養父母が、家族として育ててきた残留孤児が日本人であることを証明する物証を焼却してしまった、などの事例は数え切れなかった。

松田ちゑさんは、この時期、またも大きな苦難を背負い込んだ。スパイ容疑で一九六八年から三年半も留置所に入れられたのである。理由は、スパイ容疑。日本人を敵視した文化大革命勢力が彼女を反革命勢力の一員として捕らえられただけなら、松田さんもまだ我慢できた。しかし、この苦難はもう少し複雑だった。

「他人に迷惑が及ぶことですので、私の胸の中にしまいこんだまま死んでいきますよ」

松田さんは、こう言って笑顔をゆがめる。本人の口からは明かさないが、当時、彼女の周辺にいた友人たちの証言によれば、彼女をスパイとして当時の警察当局に密告したのは、同じ残留婦人だったという。異郷で生死の境をかろうじて生き抜いて来た同胞でありながら、この苦難の時期に、それまで苦楽を共にしてきた仲間を密告するという事実に、人間の複雑な一面を垣間見る思い思いがする。

松田さんにとって、この三年半は何重もの責め苦に耐えなければならなかった時間であった。

そんな時代だったから、日本人の死者を慰霊する方正地区日本人公墓が血の逆流した紅衛兵たちの格好の攻撃目標になりはしなかったのか。ならなかったとすれば、その理由は何だったのだろうか。

黒龍江省政府にあって、この問題にも直接かかわった趙喜晨氏はその間の事情を次のように語っている。

「文化大革命が始まってまもなく、当地の紅衛兵から日本人墓地を壊したいという申し出がありました。しかし私の意見を含め、省政府は、はっきりと次のように命令したのです。中央政府の許可、決定がなければ何人たりとも墓碑を壊してはならない、と。その上で方正県政府に訓令し、これは別に日本軍のお墓ではない、日本の庶民のお墓である。彼らに罪はないということを紅衛兵ならびに群衆によく言い聞かせるように指示したのです。県政府も保護政策を講じたし、省政府も財政支出をして鉄筋の保護柵をめぐらしました。こうして方正の日本人公墓は、黒龍江省でも珍しいほど、破壊を免れた外国人墓地として残ったのです」。

なお、この時の方正県革命委員会主任は長溥だった（王鳳山氏提供の資料による）。

初めての墓参団

一九四五年以来、異郷でさまざまな辛酸をなめてきた残留邦人にとって、最大の吉報は、やはりなんと言っても一九七二年の日中国交回復だった。しかし、ここ方正県の日本人公墓に日本から墓参団を迎えるまでには、それからなお一二年の時間が必要だったのである。

「一九八〇年の四月頃でした。山形県天童市の今野正広さんから便りがありました。終戦で亡くなった方々の墓参りに方正に行きたい。方正地区には、山形県出身および同じ開拓団出身の方々がおられると思いますので、皆様にお会いしてお話ししたい、という内容でした。

日程は、六月一五日に成田を発ち、北京を経て二一日、二二日に方正を訪問するというものでした。その後、訪中団の名簿が送られてきました。北靠山屯開拓団では、今野正広、結城正吉、大沼次郎、高橋マサヱの皆さん、馬太屯開拓団では丸山治作さんのほか、長野県、埼玉県などの方々で、団長は、日中友好協会全国本部副会長の赤津益造さんということでした。

私たち北靠山屯開拓団の残留同胞、渡辺紀江さん、飯野末野さん、伊藤菊野さん、那須ますゑさんの喜びようは格別でした。一行の中に、三四年前、那須さんのお母さんや弟妹たちと日本へ帰って行った那須さんの三番目の妹の名前もあるのを知って、当の那須さんばかりではなく、私たちはみんな自分のことのように喜び合いました。私たちは毎日のように顔を寄せ合って、墓参団が来たらまず何から話そうか、帰りのお土産は何にしようかなどと話しながら、その日が来るのを待ちわびていたのでした」（松田ちゑさん）

このニュースは方正の街の人たちの間にも広まり、街を清潔にする、道路を補修する、小、中学生は校庭を掃除するなど、街全体が墓参団を歓迎するムードに湧いた。

日本からの、この初めての墓参は、方正地区日本人公墓の歴史に新しい意義を加えるものとなった。しかし、これだけ大勢の訪問団を初めて迎えた方正県では、不慣れや戸惑いなどから十分な対応ができない面もあったようだ。このあと毎年のように日本から墓参団が方正県を訪問するようになると、そのたびに方正在住の残留婦人たちも一緒に墓前に花を手向けたり、墓参団の人たちと歓談したり、自宅へ招いて一緒に食事したり、懐かしい日本の歌を合唱したりするようになったが、一方、墓地まで行くバスに乗り切れずに、残留婦人たちが墓地まで同行できなかったり、歓迎会に同席できずに、せいぜい二時間ばかり宿舎で面会するのがやっと、という感じもあったようだ。

新しく加えられた遺骨

一九八四年、方正地区日本人公墓にまた一つの新しい歴史を刻む出来事があった。前出の元方正県人民代表大会常務委員会副主任・王鳳山編著、森山誠之訳『方正地区日本人公墓の由来』（国際善隣協会刊）は、これを次のように伝えている。

《一九八四年九月一八日に至って、日本側が省外事弁公室領事部と諮り鶏西市麻山西側に在った五三〇体の日本開拓民の遺骨を方正地区日本人公墓の隣りに移し、別に『麻山地区日本人公墓』を建て、同じ規格で石碑も建てられた。

一九八四年一〇月一九日、日本国哈達河友好訪中団一行三一名は、団長石山博一、顧問金丸千尋引率の下に方正県の『方正地区日本人公墓』に来て、『麻山地区日本人公墓』の遺骨に対し慰霊祭式典を厳修した。》

＊

麻山地区日本人公墓に葬られた五三〇体の遺骨は、敗戦後、旧満洲各地で起こった開拓民の悲劇の中でも特異なケースである。とりわけ集団自決の中からきわめて限られた少数の生存者が捜し出され、さまざまな憶測が乱れ飛び、そのために一九四九年一二月、犠牲者の肉親から真相の究明を求めて参議院在外同胞引揚げ委員会に提訴され、これを各新聞が取り上げてセンセーションを巻き起こすことになった秘話として知られる。

集団自決に追い込まれたのは、ソ満国境から四〇キロの地点、東安省鶏寧県に入植していた哈達河（ハタホ）開拓団。一九四五年八月一二日、避難途上の麻山で、ソ連軍戦車の挟撃に遭い、ほとんどが女性と子どもの四百数十名が自殺した。参議院の委員会に提訴され、新聞報道によって話題を集めたのは、謎に包まれた集団自決の経過だった。

《十数名の男子団員が銃剣によって四二一名の女や子どもを刺し殺し、突き殺して自分たちは新京、ハルビンへ逃れ、日本に帰ってきているという、終戦時の開拓民事件史の中でも、稀に見る残虐事件として世人の前にクローズアップされることになったのである。

藪崎報告書にある十数名の男子団員が四二一名の婦女子を約一時間で刺殺、突き殺すなどは神業でもなければできるはずもなく、また、「壮年男子十数名が」というのも誤りである。》

この自決に立ち会った男子団員は、哈達河開拓団の団員だけでも二三名、共に行動していた隣接の南郷開拓団員も合わせると四八名となる。

この報告書を書いた藪崎順太郎にしても、中国からの引き揚げが始まった昭和二一年に、この事件を聞き、早速、静岡県庁に調査を依頼するが、終戦から間もない混乱期であり、「手がつけられない」と断わられている。

彼は遺族として死者への断ち切れない思いから単独でこの事件を調べ、調査報告書を添えて参議院に提訴したものであった》（別冊歴史読本『満州国最期の日』中村雪子「麻山事件を追って」）。

謎に包まれた麻山事件

では、麻山事件なるものの真相は、どういうものだったのか。中村雪子氏の上掲のレポートとその要約をつなぐと次のようになる。

《八月九日、寝耳に水のようなソ連軍の参戦を知る。電話も不通になり、詳しい状況も把握できないまま県公署から引き揚げ命令が出たのが既に夕方になっていた。

哈達河開拓団の一番近い駅は、東海駅だが、そこより鶏寧に向かって一三キロ地点に日本軍駐屯地がある平陽駅がある。その平陽駅はソビエトの宣戦布告と同時に一九回にもおよぶという空襲を受けて破壊されてしまい、当時、満洲国陸軍鉄道警護軍平陽分団の准尉であった高野徳は、国境方面に向かう列車は軍の命令によりこの平陽駅で停められ、一本も運行していなかった旨を語った。

哈達河の人々にとって、避難列車は全く望めなかったのである。

ひと握りの男たちは一刻も早くと団本部の整理、また連絡にと走り回り、女たちは暗いランプの下で手や足にまとわりつく幼い子どもたちを叱ったり、なだめたりしながら、馬車に身の回りの物を積み、慣れぬ手で馬車に馬をつけ、手綱を取り、背後に戦車のキャタピラの音を聞くような怖れと緊張の中で、準備のできた馬車からつぎつぎと暗闇の中に出発して行く。

時間は既に夜半を過ぎていた。

八月一〇日。

太陽が東の空を染めて上りはじめる頃、馬車一八〇台、一、三〇〇人（南郷開拓団、地区内にある若干の蛍石会社社員を含む）の長い避難民の列が哈達崗（ハタカン）の台地をぞろぞろと上がって行く。この台地を越すと彼らの目指す鶏寧である。》

一行が目指した鶏寧はソ連機の空襲を受けて炎々と燃えさかっていた。一行にもソ連の戦闘機が襲いかかる。犠牲者は一人。が、ここで頼みの馬と馬車を失ってしまう。鶏寧をあきらめ、次の目的地を林口と定める。林口までは鉄道の距離で八六キロ。葬列と化した逃避行が続く。

八月一一日。降り出した雨が夜には沛然《はいぜん》たる豪雨となる。

『夜半ニ至リテ雨量益々強大トナリ、泥寧人馬共ニ膝ヲ没シ大車（ターチョ）意の如クナラズ』（南郷開拓団、高橋庄吉ノ記録）

死んだ子を再び背に負う母親。隊列を抜け出て道端に小さな死体を置き、毛布をかけ、そっと手を合わせて再び隊列にもぐり込む母親。

合掌する妻を射殺

疲労困憊する人々の隊列は、各部落の人も馬も入り交じって三キロ以上にも伸び切り、自然に三つの集団ができていた。最後尾が落伍寸前の人々の集団でおよそ二〇〇名。その約一キロメートル前方に約四〇〇名、さらにその一キロ前方に婦女子約七〇名の先頭集団。この先頭集団がまずソ連戦車の攻撃を浴びた。

《深渡瀬正直の一家は此処で子どもたちを含む一家九名はソ連軍の銃撃によって死亡。父母の死を目前で見た長男の正喜（一三歳）が日本刀で割腹自殺をしており、三女の三子がたまたまこの場を離れていて助かった次男正紀（一〇歳）と共に脱出するが、後にソ連兵に襲撃されて行方不明になっている》

進退窮まった団員たちの「処置」が行われた。

《「私はもう夢中だった。合掌する妻（御杖・三二歳）を正面から撃った。続いて母にならって長男（輝夫・八歳）はじめ三人の子ども達をつぎつぎと撃った。そして部落の細君たちを」（遠藤久義）》

＊

先頭集団の緊急事態が中央集団に急報された。貝沼団長がみんなに最後の決断を迫る。ばらばらになって脱出に賭けるか、最後まで行動を共にするか…。

《「私たちを殺して下さい」とまず女たちが声をあげた。同時に男子団員からも「自決だ！」との声が上がった。

「自決しよう」

「日本人らしく死のう」

「沖縄の例にならえ」

「死んで護国の鬼になるんだ」

そんな言葉が次々と発せられ、団長が最後の断を下した。そして自分は女や子どもの死出の旅の先導をする旨を披露した（略）

貝沼団長は南郷開拓団員、納富善蔵らを自決が終わるまでこの地の警備にと出発させた後、一同で東方を遥拝、万歳三唱し、右手に持った拳銃で自らのこめかみを撃ってどうと倒れた。自決の作法を示すような、また死への先導に値する従容とした最後であったという。》

「ノンノン様の所へ行こう」

中央集団の自決が後尾集団に伝えられた。

《気丈な女たちは一人一人、笛田道雄に挨拶をし、高粱の桿を倒して死の場所をつくり、髪を梳《す》って衣類の乱れをなおし、子供を膝にのせて「ノンノンさまのところへ行こう」と、唇に微笑みを浮かべながら子供に語りかけるのであった。》

自決した団員のほか、「生きられるだけは生きよ」と説く医師・福地靖に従って山に入った者が一五〇名ほど、ソ連軍に斬りこんだ者四〇名たらず。

《山中の彷徨四〇日、そしてさらに一年にわたる避難民収容所の生活の中で犠牲者の数をふやしつつ、祖国の土を踏むことのできた者二〇〜二五名、残留して中国人と結婚または養子となった者約一〇名、の記録がある》

『麻山事件を追って』は次のように結ばれている。

《飢と疲労の中で或る者は自決の道を選び、或る者は召集令の重みを意識の中でたぐりながら道端に、密林の木の根もとに斃《たお》れ、何人かはようやく辿りついた避難民収容所で息絶えた。そして、からくも生き残った何人かの男たちはそれぞれの「麻山」を生涯の心の軛《くびき》としながら生きて行くことになる。

＊

昭和五九年一〇月、三回の現地訪問でようやく遺骨収集、慰霊を果たすことができた。鶏西市鶏冠山火化場（火葬場）で焼骨された骨片は、「麻山」の人々の箸から箸へと移されて、カラカラと微《かす》かな音をたてていた。》

＊

中村雪子氏はこの『麻山事件を追って』の結びに「昭和五九年一〇月、三回の現地訪問でようやく遺骨収集、慰霊を果たすことができた」と記している。しかし、この遺骨を収集し、慰霊し、方正の日本人公墓に埋葬するまでには、さまざまな曲折と関係者の大変な苦労があったようだ。

遺骨収集の障害

一九八四年一月、日中平和友好会本部顧問・金丸千尋氏は中国現代史の研究者、長野広生氏の訪問をうけた。用件は哈達河《ハタホ》開拓団の遺骨収集に力を貸してほしいというものだった。三九年前、麻山で無念の死をとげた団員たちの遺骨を収集し慰霊するため、それまで二度にわたって訪中したが目的を果たせないでいる。一度目（一九八二年八月）は一行三一名が鶏西市まで行きながら、数日来の豪雨のため麻山への道が断たれて断念、二度目（一九八三年九月）は中ソ国境の緊張やその他の理由から、麻山の現場で思いがけない行動制限の指示を受けることになった。ビデオ、写真の撮影はバスの中から、外での撮影は一切禁止、現場にとどまる時間は三〇分、慰霊の行事は一切禁止というものだった。

こうして二度とも、現場を目の前にしながら訪中団は多年の悲願を果たせないまま帰国を余儀なくされたのである。遺族の気持ちとしては、麻山まで行き、目の前に遺骨が残っていることがわかりながら、手を出せず、そのままいつまでも風雨にさらしておくのはどうしても耐えられないことだった。

事態を打開するために国会議員に頼んだり厚生省にかけあったりしたがラチがあかない。なんとか力を貸してほしい、というのが金丸氏への要請だった。

＊

金丸氏は敗戦後も中国に残り、八路軍に加わって中国革命を闘った経歴を持つ。帰国後、同じ境遇を生きた仲間と日中友好平和会を組織。この経歴による中国側との太いパイプと誠実な人柄で中国側の圧倒的な信頼を得、日中のさまざまな分野の橋渡し役として隠然たる力を持っていた。この時、彼は日中友好平和会の事務局長だった。この日のことを金丸氏はいまこうふり返る。

「敗戦時、旧満洲で起きた悲惨な事件はいろいろあります。佐渡開拓団事件とか、四九五人が集団自決した瑞穂村開拓団事件とか、大きな集団ごと非業の死をとげた同胞たちです。しかしその中にあって、日本人の手によって日本人が、そのほとんどが婦人、子供である同胞が、直接大量に殺された麻山事件は特異な事件です。しかもそれから三九年もの間、その遺骨が山野に散らばったままだというのは人道上も放ってはおけない話です。

ただし、遺骨を掘り返したり持ち帰ったりするのはやめましょうという約束が、すでに日中政府間の話し合いでできている。これを覆すわけにはいかない。そこでどうするかだが、方正県に中国で唯一の日本人公墓がある、そこに遺骨を納めさせてもらったらどうか、それで納得されるなら私の微力を尽くしましょう、と言いました」

「死者の霊が迷わぬよう」

ここから金丸氏が動き出す。すぐ親交のある黒龍江省外事弁公室副主任の孫志堅へ国際電話を入れた。

金丸「こんな話を聞いたけど知ってるかね？」

孫「知らないな。これから鶏西市へ電話して聞いてみるからちょっと待ってくれ」

それから数日後、孫氏から電話が入った。

「鶏西では近くで敗戦時、日本人がたくさん死んだという噂があるそうだ。しかし今はまだ雪が深くて、骨があるかどうか調べられない、と言ってるよ」

それから四か月たち、五月、孫氏から電話。

孫「地元で調べたら、確かに骨が散乱してるって」

金丸「面倒かけた！　すぐ相談に行きたいんだ」

孫「待ってるよ」

　金丸氏はすぐハルビンへ飛んだ。孫氏との話は実務や手続きの話の前に、遺骨の収集や慰霊について、中国人とは違う日本人の考え方、感覚、歴史、文化について詳しく話し、孫氏の十分な理解を求めることからスタートした。

「まず①、この事件はソ連軍や暴徒による虐殺事件ではない。日本人が日本人を殺すという集団自殺である。こんな痛ましい事件がなぜ起きたのか。これは『生きて虜囚の辱めを受けず』と教えた戦陣訓を実践した結果である。つまりこの遺骨の主たちはすべて日本軍国主義の犠牲者なのだ。それだけにこのままでは遺族はあきらめきれないのだ。
　②として、遺骨についての日本人の考え方。日本の厚生省が毎年南方へ遺骨収集団を派遣しているのはなぜか。それは死後も遺骨がそのまま野山に残っていたら死者は成仏できないという日本人の死生観に基づいている。いつまでも死者の霊がさまようことのないように、鎮魂のセレモニーをやるという重い伝統の習慣がある。中国人とは違うこの文化と日本人の心情を理解してほしい。
　③は遺骨収集後のことになるが、火葬の後、遺骨を日本へ持っては帰らない。方正の日本人公墓に一緒に埋葬させてほしい。
　この話を孫志堅に一時間かけてしましたよ。彼はわかってくれました。方正の日本人公墓への埋葬もＯＫです。あの公墓建立も、方正県の残留婦人たちからの陳情を方正県政府を通じて受けた黒龍江省外事弁公室が中央に連絡をとって推進したものであり、その責任者が彼だったわけですから。

ただ、日本からは少数で来なさい、ということだった。こちらの主張は、この事件は何百人も死んだ集団自決だ。大勢いる遺族を限定されたのでは困る。大勢の遺族が中国に来て遺骨を収集し、慰霊のセレモニーをやるなんてことはこれまでになかったことだ。それは中国には歴史的な恨みもあるだろう。しかしそれを乗り越えてこの話が実現したら、日中友好の美談になるだろう。そのためには報道陣もつれて行きたい、そう言ったら、ちょっと待て、ということだった。やはり、できれば大袈裟にはしたくない、ということだったと思います。」

一九八四年のことだった。

小高い丘にイチイの樹

遺骨収集団の訪中について、人数、規模だけをペンディングにしたまま帰国した金丸氏は、交渉経過を伝えるため哈達河会に連絡した。当時同会の事務局長だった納富善蔵氏（一九九八年死去）が北海道から上京した。納富氏は集団自決時、貝沼団長の命で周辺の警備を命ぜられ、その任務のために生き残った何人かの一人である。納富氏と相談の結果、やはり遺族の人数を増やすこと、新聞社を少なくとも三社同行したい、ということになった。

金丸氏はその場からハルビンへ電話を入れた。すると孫志堅氏は不在だ。行き先を聞くと香港だという。しかも黒龍江省省長・陳雷氏も一緒だということがわかった。陳雷氏といえばかつて抗日戦争時、若くして抗日連軍の幹部だったという大物である。金丸氏は陳雷氏、孫志堅氏の香港での宿を聞き出すと成田空港へ急行した。

「香港の宿で二人に会い、人数については希望する者をすべて行かせてほしい、マスコミは三、四社同行したい、ということで折衝しました。『お前、責任持つな』ということで交渉は即決でした」

当時、中ソ間が険悪な時期で、国境に近い地域への立ち入りは沈陽軍区の許可が必要だった。テレビ局の同行は不可。そこで金丸氏は中国の中央電視台に取材を依頼し、あとでフィルムをもらうことにした。

＊

一九八四年一〇月、一行（マスコミ関係三名を含め三〇名）の訪中にさきがけ、金丸氏はハルビンへ飛んだ。そして現地では遺骨を入れる箱を作り、すでに大きい遺骨を拾い集めておいてくれている旨を聞かされた。このことだけでも金丸氏を感動させるに十分だったが、さらに思いもかけない話を聞いた。

「方正の公墓のわきに、同じ形の麻山の公墓もすでに作ってあるというんです。方正地区のお墓は遺骨を土に埋めるスタイルだったけど麻山日本人公墓は遺骨を一室に入れられる構造にしてくれました。そこまでやってくれていたのかと感激しちゃいましたよ。」

ハルビン空港で日本から来た遺族や関係者、マスコミを出迎えた金丸氏がバスの中でそのことを報告すると、みんな信じられないという顔になった。これまで二度の試みが、現場に近づくことすらできず、空しく帰国していたからである。

麻山の集団自決現場に足を運んだ一行は、残った遺骨を拾い、読経して犠牲者の霊を慰めたあと、現場を見渡せる小高い丘に一本のイチイの樹を記念に植えて帰路についた。

三九年間、麻山の荒野に放置され、この日を待ち続けた哈達河開拓団の犠牲者の遺骨は、三〇名の同胞に守られて方正に運ばれ、ここではだれに気兼ねすることもない、正式の鎮魂のセレモニーが行われた後、公墓に納められたのであった。

『夢砕満州』は麻山地区日本人公墓について次のように書き記している。

《一九八四年一〇月一九日、石山博をリーダーとする日本の第三次哈達河友好訪中団の一行三〇名は麻山地区日本人公墓の遺骨を方正地区日本人公墓に移した。方正地区日本人公墓の東側に安置する穴を作り、その前に方正地区日本人公墓と肩を並べて墓碑を建て、そこに「麻山地区日本人公墓」という碑銘を記した。麻山日本人公墓には集団自殺した日本の開拓民五三〇余名の霊が

眠っている》

同書はこれに続いてもう一つ海倫県元劉大桓開拓団員の遺骨がここに移されたことを記している。

海倫県の遺骨も

《一九八六年六月五日、高成章をリーダーとする日本の友好訪中団は海倫県元劉大框開拓団員の遺骨を方正に移した。しかし別に墓穴は掘らず、遺骨はしばらく麻山地区日本人公墓の中に預かってもらうこととした》

金丸千尋氏によれば、高成章は、正しくは高田成章氏で前出の納富善蔵氏の恩師であり、この時、麻山地区日本人公墓に仮に預かってもらった遺骨については、「遺骨がなく、現地の石と土を遺品として納めたと聞きました」と語っている。

この記述に続いて同書は、方正地区日本人公墓の遺骨を合わせて埋葬したことによって公墓の性格が変わったと述べている。

《このようにして、この日本人公墓に埋葬された遺骨は、ただ方正という一つの地区の開拓団員だけではなく、黒龍江省各地から移された開拓団員の日本人公墓となり、したがって名実共に黒龍江省日本人公墓になったということである》

＊

一九八六年、黒龍江省人民政府はこの日本人公墓の維持管理のために、外交部の承認を得て六万元を支出し、五九・五平方メートルの休憩所を建設、そして公墓に墓守をおいて管理させることとした。その上、さらに六万元を支出して、公墓へ通じる専用道路を作った。

松田ちゑさんたちの請願が機縁となって、中国側によって建設された方正地区日本人公墓は、その後、日本の民間団体や有志によって少しづつ環境が整えられて来た。一九九五年七月には埼玉県日中友好協会の手によって新しく公墓記念館が建てられた。建坪二〇〇平方メートル、建設費一四万元（約二一〇万円）。

これについて埼玉県日中友好協会・前事務局長、菊地正泰さんは次のように語っている。

「埼玉県からは開拓団としてたくさん黒龍江省へ行っておりますが、方正の日本人公墓には荒川村の出身者の遺骨が入っておりまして、うちの両親が眠っている。私のきょうだいが…という人が少なくありません。それで方正の日本人公墓が傷み始めていることを聞いて、他人毎ではないということで、公墓修復基金の募集を呼びかけに率先、奔走されましたし、埼玉県日中友好協会として六〇〇〇万円あまりのお金が集まりました。これをまずお墓の修復に使って下さい、ということでお上げしたものです。」

同じ頃、長野県からも二二〇人の訪中団が方正を訪ね、平和友好の碑の除幕式を行った。日中友好協会の機関紙『日本と中国』一五九八号は、その模様を次のように報じている。
《長野県日中友好協会（堀内巳次会長）と県開拓自興会、信濃教育会でつくる『日中平和友好の碑建立実行委員会』は先ごろ、中国黒龍江省方正県で碑の除幕式を行った。

かつての『満蒙開拓』の地に建てられた碑は、戦後五〇年にあたり、両国の平和友好と不再戦を誓うシンボルにしようとするもの。式典には長野県側から訪中団一二〇人が、中国側から残留邦人、現地の行政関係者ら約百十人が出席。土屋弘実行委員長（県開拓自興会会長）が「（過去の）深い反省の上に不再戦と日中友好の決意を誓う」と挨拶した。

碑の建立場所は、方正県が戦後、戦争で犠牲となった日本人の遺骨を集めて建てた「日本人公墓」の北西側。碑は直径一メートルの球状で、大理石製。吉村午良長野県知事揮毫の『和平友好』の文字が刻まれている。建設費用は約四百万円。関係者の募金によるもので、今年八月に完成した。

一行は除幕式の後、日本人公墓でしめやかに慰霊祭を営んだ》

二〇〇一年一月一一日、東洋医学舎（東京都江東区）の大副敬二郎さんが日本人公墓を訪れた。彼は漢方医薬新聞（二〇〇一年二月一〇日号）に次のような『日本人公墓墓参記』を寄稿している。

風雪に耐えて花開く

《四〇年ぶりの寒気が中国黒龍江省を包み込んだ二一世紀初頭、一月一日に方正県・日中友好園林の日本人公墓に詣でた。寒風に立ち向かうかのように凛として立つ墓碑――それは中国人民の善良の結実であり、飢えと寒さで息絶えた多くの同胞たちの苦痛と無念さの証でもある。

墓前の扉に記されてある「永久不再戦・中日友好」の対の聯文字の誓いを未来に繋げていくことの責務を重く受け止めた。

墓碑の周囲を囲むカラ松の木立ちの間から時折洩れてくる陽射し。それは雪煙に包まれながらもやわらかいぬくもりを与えてくれる。

寒さと飢えの中で命を絶った多くの人たち――安住の地を得てそれに注ぐ中国人民の熱意と日本から訪れる慰霊の同胞たちの心根が暖かく公墓を包む。

［中略］

方正地区日本人公墓と麻山地区日本人公墓の墓碑、それと並んで中国養父母公墓の墓碑は、台座や碑の頭上に雪を被って、凛然とした寒気の中に立つ。それを守るように配置されている平和友好のモニュメント、中日友好往来記念の碑や多くの墓参の記念植樹が雪と寒気にさらされている》

ここでいう「中国養父母公墓」は、一九九五年に建てられた。この墓は、ここに建つ他の公墓とは成り立ちが異なる。敗戦後、残留孤児として辛酸をなめ尽くした末、日本に帰って事業を起こした遠藤勇さん（六二歳、横浜市在住）がひとり自分だけではなく、残留孤児の命を救ってくれたすべての中国人養父母への感謝を表すために建立したものだ。遠藤さんはこう語っている。

「敗戦当時五歳だった私は、一家で入植していた依蘭県から方正に辿り着いた時はもう冬になっていました。父は兵隊にとられ、母と妹、祖父母は逃避行の途中で亡くなり、当時一六歳の叔父と二人で収容されました。私は飢えと寒さでいつ死が訪れてもおかしくないほど弱っていたそうです。一六歳の叔父は私の命を救いたい一心で、中国人の間をかけまわって私を養父母に託しました。

養父母との縁が結ばれるのが、あと五日遅かったら、いや一日遅れたら、私の命はなかったでしょう。養父母も先に帰国していた叔父もそう話していました」

新しく建てられた記念館は、外観も内部の陳列品もしゃれて整然としている。飾られてまだあまり時間がたっていないガラスケース入りの日本人形の隣りには、「四海皆兄弟　新潟県中之口村長・如澤寛」という色紙が飾られ、少し離れて、社民党・土井たか子党首の色紙が飾られてある。

真理似寒椿
耐風雪開花

土井さんの事務所に確かめると、これは墓参に訪れる、ある日中友好協会の訪中団に託して供えてもらったものだそうである。

日中国交回復三〇周年にあたる二〇〇二年には、また一つこの日本人公墓の園林に壮大な記念碑が完成する。立正佼成会の平和基金による建設費約五八〇万円を投じた「日中友好世界平和の塔」である。これまで調査チームが何度も足を運んで準備を重ねてきた。（末尾の資料篇・墓参名簿参照）。

「八月一五日に除幕式を行います。その時に桜や梅などの記念植樹も予定していますが、そのための井戸はもう完成しました。これまで各方面から記念植林が行われてきましたが、せっかくの木が水不足で枯れることが多いということから、県政府で井戸が一つ欲しいということだったのです」（二〇〇二年六月一日、立正佼成会、池田貢一郎・前神戸教会長の話）。

厳冬にたたずむ娘

装いを新たにした記念館だけではなく、公墓を取り囲む中日友好園林もきれいに整備され、かつての方正地区日本人公墓とは面目を一新した。だが今も私の心を捉えて離さないのは、記念館の陰に隠れるように、何の飾り気もなくたたずむ旧休憩所だ。ここには、かつて柵に囲まれた公墓だけがひっそりと息をひそめていた頃、墓参に訪れた人たちが日本から携えてきた供物や塔婆、千羽鶴、さまざまな小仏具などが飾り気もなく安置されている。

「方正地区開拓移民諸精霊五十回忌追福増上菩提」

こんな文字のわきに飾られた数多くの千羽鶴。真新しいのもあればすでに色あせたものもある。

「代代流伝　真誠友誼　永不再戦　中日友好」

友好、不戦、日常、時には色褪せたお題目になってしまった感さえある日本語が、ここでは新鮮で、一瞬、鬼気さえ帯びて迫ってくる。

軍服とモンペ姿で撮った夫婦の遺影が一枚。戦争末期、新婚の夫婦が幸せで晴れがましい思いで撮った写真を日本の両親に送ったものでもあろうか。異郷で非業の死を遂げた息子あるいは娘を憐れんで暮らしてきた老夫婦が、墓参がかなう時期になって、この写真を持ってここへ語らいに来たのであろうか。

隣の壁際に一対の小さなローソク立てと香炉、その隣りに神道の遺族が日本から携えてきた、米と水を入れる素焼きの皿と、神酒を入れて供える素焼きの徳利…。

「為小林家殉難者精霊阿円忌供養塔」

「為密厳院義昭居士之霊位

坂本法観

秋好美代子」

そのわきに、一九九三年六月一一日の日付で、元依蘭県入植者五〇回忌墓参団が飾って帰った文字が残っている。

「故人　我が同胞は平和の礎
感謝します　平和と繁栄
お祝いします　日中友好二〇周年
お祈りします　御当地人民の幸福」

そして犠牲になった同窓を弔う祈りの文字。

「満洲開拓団及義勇隊各位　追福菩提也　千振農業学校同窓会訪中団」

私が凝視したまましばらく動けなかったのは、「菩提」の字も「供養」の字もない、ただ訪れた日付と名だけを書きとめた次の一行だった。

「一九九二年二月七日訪中　子供ヒロ子」

団体の墓参訪中などは絶えた極寒の二月七日である。あえてこの時期を選んで娘が親の霊を弔いに来た理由は何だったのだろう。あの冬、飢えと寒さと疫病でバタバタと死んでいった同胞の中に彼女の両親もいたのだろうか。松田ちゑさんのケースとは逆に、娘だけが生き残り、養父母の手で生き抜き日本に辿り着いた「子供ひろ子」なのだろうか。遺体を埋めるにも凍てついた土が掘れないこの時期に、娘はここで親とどんな会話をかわしたのだろう。この娘の場合だけではない。子に会いに来た親、妹に会いに来た兄…ここで彼らはどんな会話をかわしたのだろう。第三者には聞こえない会話、交流がここでは繰り広げられたのだ。

ひ孫と散歩の松田ちゑさん

私の耳には小黒楊の葉擦れの音しか聞こえない。だが、ここには幽明の境が取り払われ、死者と生者が万斛《ばんこく》の思いを通わせ合った、そのあとに残る異様に重い「気」が、確かに漂っている。

＊

公墓の背後に茂るアカマツに似た樟子松、正面両サイドに植えられた小黒楊、園林に散見する柳樹、それらの葉をならす風がもう秋の終わりを告げる。ここに間もなく五七回目の厳冬が訪れる。

（二〇〇一年　晩秋）

あとがき

1　この本の主な構成部分は、「方正地区支援交流の会」（石井貫一会長）が刊行を予定した『風雪に耐えた日本人公墓物語』のために書きました。しかし諸種の事情から刊行が大幅に遅れ、松田ちゑさん、那須ますゑさん、王凰山さん、趙喜晨さん（いずれも本文の中に登場）にこれ以上待っていただくわけにはいかなくなりました。そのため、私の執筆部分を切り離して上梓させていただくことにしました。このような理由から、方正の公墓墓参がきっかけで方正県の、やがては中国全土の農業技術改良に献身された故藤原長作先生の足跡については、いずれ刊行される同書とあわせてご覧いただきたいと思います。

2　前述の経緯から、原稿のかなりの部分を書きなおしたり、新しく取材したデータを書き加えたりしました。

3　表紙の絵は、版画家・高橋靖子さんにいただきました。あくまで手作りにこだわったこの作業が、まがりなりにも本らしくなったのは彼女のおかげです。有り難うございました。

4　新しく取材したい人や場所、見たい資料などが少なくありません。それを改訂版に加えたいと思います。有り難うございました。

あの歴史に立ち会う
「方正地区日本人公墓」建立前後の回想

趙喜晨（北京）

前例のない歴史的な仕事

一九六一年、二六歳の時、私は黒龍江省人民政府外事弁公室に異動を命じられ、一九八五年、仕事の必要から他の部門に異動するまで、ずっとそこで仕事をした。この二五年間、私はほとんど居留民関係の仕事に従事した。

当時、黒龍江省「外事弁公室」は、本来の仕事のほかに、ふたつの「名義」を持っていた。すなわち黒龍江省人民政府「外事処」と、ハルビン市人民政府「外事処」であり、これは省と市の渉外事務の処理機構である。黒龍江省は外国居留民が最も多い省の一つである。省の「外事弁公室」はハルビン市以外の各地区、市、県の居留民業務について、すべての方針と原則の指導を行い、具体的業務は地方政府が自主的に処理する、というものだ。

当時、方正県は松花江地区に属していて、慣例によって方正県の渉外事務は、地区および県が自主的に処理することになっていた。しかし、方正県に日本人公墓を建立する一件は、中央政府が指導し、国の外交部が認可したものであり、コトは国内だけではなく国際的な影響に関わることであり、意味するところは極めて大きい。上層部はこの点を重視し、検討した結果、例外的にスタッフを派遣し、具体的な仕事を直接、処理するようにしたのである。幸いにも私はこの任務を任され、この忘れるわけにはいかない歴史に自ら関わる機会を持ったのである。

このようにハルビン市以外の居留民の仕事を直接、処理することになったのは、私の数十年の仕事の経歴の中で、この時だけである。それから数十年、この公墓が中日両国人民の相互理解、友好を深め、両国人民の歴史を見つめ、未来に向かって積極的な作用を及ぼした。このことは、当時の中央の指導の高邁なリーダーシップを証明するに足るものである。

石材選びと安置場所

墓碑の建設は、世事に疎く、仕事の経験の足りない私について言えば、疑いようもなく重い仕事だった。まず最初に、外国人の墓地とはどういうものかを調べた。当時ハルビンにあった外国人の墓碑は、どれもみんな豪華で洗練されたものだった。ほとんどのものは輸入された石材でできていた。これから日本人の墓碑を建てようとしたら、どのようなものにしたらいいか…私はあれこれ考えた。当時、中国の政治、経済の状態からいえば、そして当時の中日関係の状況からいえば、セメントで固めたコンクリート製にしてもおかしくはなかった。それまで方正の現地で建っていた日本人公墓の前身は、ただ土を盛ったところへ木の墓碑を一本立てただけのものだった。私たちは討論し、これは長く言い伝えられる大仕事であるから、真剣に対処しなければならない。歴史の考察にも耐えうる永久的な墓碑を建てる必要がある。そこで意見が一致したのは、長い時間にも耐えうる石材で作らなければならない、ということだった。

方正県政府は私たちとこのことについて相談したとき、公有地の中から、墓地建設の土地を無料で提供してくれることに同意した。方正県政府にはまた、それまでの土饅頭のお墓があった土地がくぼ地で、いつも水害の心配があり、今回は少し高い土地を選んで、水害のたびに建てなおさなければならないという悩みを解消したい、という考えがあった。

それからまもなく、方正側から私に電話があり、周囲の地形を詳しく調査した結果、高台で日当たりがよく、周りが松林で墓碑を建てるには格好の場所がある、今後どれほど大きな水害があっても大丈夫なところだ、一度来て見てもらいたい、と言ってきた。私は上役に相談した上で彼らの選択に同意する旨、返事した。こうして方正県幹部の意見に従って建設場所が決まった。省と県の墓碑の建設場所は、このようにして決まった。これが現在の「方正地区日本人公墓」の所在地である。

墓碑の形

日本人のためにお墓を建てるには日本人の風俗習慣に合っていなければならない。しかし私は日本人のお墓がどういうものか見たことがない。もしもいい加減なお墓を建てたら現代の人たちだけではなく後世の識者の物笑いにならないか？　私は自転車に乗って外国人墓地を見て回った。「ギリシャ正教墓地」と「ユダヤ人墓地」はいずれもヨーロッパ人の十字架のついた墓碑である。日本人の墓地も墓碑も見つからなかった。その後、私は黒龍江省図書館へ行って、解放前のグラフ誌を調べた。そこで縦長の日本人の墓碑と、高く先がとがった関東軍の「忠霊塔」の写真を見つけた。私は方正の墓碑の形は、日本人の習俗に合っているし、これなら中国人に関東軍の「忠霊塔」を連想させず、中国人の感情を傷つけないだろう、と思った。そこで私の頭の中では、次第に墓碑の形の輪郭が出来上がっていった。それは四面で直立し、下が大きく上が小さい、頭部の四面が錐形の墓碑である。私が紙に描いたのを見て、上役も同僚も完全に同意してくれた。これが現在「方正中日友好園林」に建っている「方正地区日本人公墓」の青写真だった。

碑文の揮毫

ここに埋葬されているのは日本の開拓団の農民であり、彼らもまた日本の軍国主義の中国侵略の犠牲者である。この墓碑の建立は日本の民衆の死者を尊重するものであり、生き残った開拓民に対する慰労であり、同時にまた後世の人々に対する警告である。

なぜ碑文に「方正県」と書かず「方正地区」と書いたか？なぜそのまま「松花江地区」と書かなかったのか？

当時、中国の行政区画の規定によって、上から下へ「省→地区（市）→県→郷（鎮）→村」という編制の決まりがあった。当時、黒龍江省には「松花江地区」という行政区域があった（今はもう解消されている）。「地区」の下に一〇あまりの県が属し、「方正県」は「松花江地区」に属する一つの県であった。もし墓碑に「松花江地区」と書けば墓碑の該当する地域を拡大し、適切ではない。また、ただ「方正県」と書いたのでは狭すぎる。亡くなった開拓民はもともと方正県に住んでいた開拓民だけではないからである。その点「地区」という中国語はもともと「比較的範囲が広い場所」という意味である。そこで「県」をやめ、「地区」としたほうが適切だ、ということで「方正地区」となったものであり、行政区域としての「地区」の意味合いはない。

墓碑の文字を議論していた時、「日本の中国侵略で死亡した日本人公墓」という案も出た。これについて私は適切ではないと思った。これでは開拓民も関東軍を含む感じで誤解を与えてしまい、本来の意味を変えることになるからである。私は「１９４５年没」と明記すべきだと考えた。すでにご存知のように一九四五年は日本が戦争に敗け、投降した年だからである。史料にはこう記載されている。

〈ソ連赤軍は八月九日、電撃的に東北に進撃、日本の関東軍は対応できず、あわただしく応戦したものの一週間足らずで簡単に壊滅した。八月一四日、日本はポツダム宣言受諾を宣言。八月一五日、天皇は降伏の証書を放送した。関東軍はたちまち全線で瓦解した。関東軍司令官山田乙三は関東軍に作戦を停止し、ソ連軍に投降するよう命令した〉

八月下旬から関東軍はみんなソ連赤軍の俘虜となり、続々とシベリヤ大森林の伐採に送られた。松花江沿岸ではほとんど激しい戦闘はなかった。そして日本の開拓民は松花江沿岸の樺川、鶴岡、湯原、依蘭などから方正へ逃亡した時、もう八月末から九月上、中旬になっていた。ここではもう、急速に寒い晩秋から初冬の季節になっていた。そこで飢えと寒さと病気で死んだのは、哀れな日本開拓団の人達だけで、関東軍の兵は含まれていない。幸い生き延びた開拓民は、青壮年はみんな兵隊にとられ、誰もいなくなっていたと云っている。

石材を選ぶ

私は何度もハルビンの極楽寺近くにある「ハルビン市石碑彫刻工場」へ出かけ、石材を選んだ。しかしどれもみんな中国人のために作る碑の石材ばかりで、選ぶのが難しい。形や寸法が合わないのではなく、材質が意に満たないのである。私は何度も彫刻工場と役所の間を往復しながら決定しかねていた。その後、私は突然、「文化公園」で外国人墓地をほかの場所に移していることを思い出した。そうだ、あそこへ行ってぴったりの石材を選び、再加工して利用したらいいではないか？　私はもう倒されて乱雑に置かれた一群の墓石の中から、一つ大きな花岡岩の石碑を見つけた。うまいことに私が考えていた形と大きさにぴったりである。碑の隅にロシヤ語で「イタリー製」と彫ってある。何の傷もひびもない。そこでこの石碑に決め、石碑彫刻工場へ運ばせて加工することにしたのだった。

碑文の書と彫刻

どんな書体で碑文を書いたらいいだろうか？　あれこれ考えたが、どうにも行き詰まった時、突然、気がついたのが私たちの職場に架けられている扁額の、非常に美しく整った書のことだった。この先生にお願いして書いていただいたらいいのではないか？　そう思ってこの先生を探した。その結果、省の紅十字会に協力していただき、ついに「黒龍江省文史館」におられた秦先生という老先生を捜し当てた。秦先生はお金は要らないと言う。先生の望みに従って、私たちは酒をお礼に差し上げることにした。当時、ハルビンの市場には、もう何年も白酒（バイジュウ、アルコール度の強い蒸留酒）を見かけなくなっていた。この酒好きな人にとって、これはどれほど身にこたえることだったか…。私たちはハルビン市商業局に頼んで特別に白酒を都合してもらい、秦先生に差し上げた。秦先生の表情が生き生きとし、気が乗って、雄大で力強く、端正で盛んな碑文が、紙の上で躍動した。これはまさに後世に残る傑作と言うべき書となった。私たちはこれを「彫刻工場」へ届け、ミスがないよう、くれぐれも気を入れて彫るように頼んだ。それから約半月後、精緻に彫り上げた墓碑が出来上がった。

墓碑の輸送

彫刻工場がこの仕事を引き受ける時、工場の人達は、どうして日本人のためにこの碑を建てるのか、全く理解ができないと私に説明を求めた。根気よく説明して彼らも理解してくれ、品質を保証すること、期日までに彫り終えることを約束してくれた。日本を恨みに思う人達がこの石碑を見て破壊しようとすることを恐れた私たちは彫刻工場側に頼んで、石碑をカマスで何重にも包み、運び出すまで専門の監視人をつけて、しっかり倉庫に鍵をかけるよう頼んだ。当時、ハルビンと方正間は交通が不便で、墓碑が彫り終わった後もなかなか運ぶことができなかった。調査の結果、唯一、水路で運ぶのが安全で早いことがわかったので、水路で、と決めた。しかしこの時はちょうど渇水期で、トン数の大きな船は航行できない。私たちは毎日、降雨を祈って、早く豊水期が来るのを待った。毎週、黒龍江省航運局へ何回も電話して、水位と運行予定を問い合わせた。そして八月、ついに航行してよいという通知を受けた。「東方紅」という松花江では最も大きい貨客船の底部に墓碑は据えられ、一〇余時間かかってようやく伊漢通の波止場に着いた。雨が降れば船の航行には都合がいい。しかし波止場から墓碑の設置場所までは一〇キロあまりの陸路を車で運ばなければならない。この時、道路はひどくぬかるみ、車の運行はきわめて大変だった。方正県政府は多くの困難を克服して墓碑を目的地まで運んだ。方正県政府は赤レンガとコンクリートで墓碑のベースを作っておいてくれ、石碑は上の背面で高さ三メートルあり、大変、尊厳な感じでなおかつ慎み深いムードを持っている。

墓碑の保護

ご存知のように、一九六六年に始まった文化大革命は中国全士を災害に巻き込み、多くの文化遺産が破壊され、多くの歴史上有名な人達のお墓が壊された。当然、「紅衛兵」は、かつての敵国日本人の公墓を放っておくはずがない。彼らはあくまで墓碑を壊そうとした。緊急事態にのぞみ、方正県政府は直ちに省政府にどう対処したらいいか、指示を仰いだ。電話を私が受けた。すぐ上司に指示を仰ぐと、省政府の名で次の命令を出した。

「この公墓は中央政府が許可して建設したものだ。埋葬されているのは日本の庶民であり、日本の軍人ではない。誰であれ、どの団体であれ、それを壊してはならない」

それと同時に公安部門に公墓を保護する措置を講ずるよう要請した。同時に私を方正に派遣し、現地での状況を見させ、重ねてお金を出し、お墓のまわりに柵をめぐらせて保護を厳重にした。紅衛兵はこの状況を見てあきらめ、引き下がった。こうして災難は免れた。その後、方正政府は数十年、日常の維持、管理に力を注ぎ、現在見るように、この墓碑を完全に維持管理して今日に至っている。墓碑の保護は、とりもなおさず中日両国人民の友好を守ることである。

遺憾と期待

最近、大使館の友人が方正県を訪問するにあたって、私に何か用はないかと尋ねた。私は彼女に墓碑の裏側に詳しい碑文が加わっているかどうか、見てきてくれるよう頼んだ。帰ってきて彼女は何もなかった、と答えた。墓碑の背面に碑文がないのが、この数十年、残念に思ってきたことである。私はいつも碑の背面に碑文があったほうが、表の石面だけにあるより良い、といつも感じている。私たちのこの世代は、この時代をこの身で生きてきたのだ。自ら次の世代に伝えることができる。では次の世代は？　こうした文字は前人が歩いた道を、体験した歴史を、簡潔に彼らに伝え、彼らに深く考えてもらい、知恵を出してもらうことが、さらに良いことではないだろうか？　もしもだれか志ある者が現れてやってくれるなら、私と同じようにこの公墓に関心がある人達を感動させるに違いない。

小生、文才ははなはだ浅薄であることを省みず、厚顔にも以下のような文字を並べてみた。それはほかでもない、優れた書き手の登場を待望すればこそである。

*

《一九三一年九月　日本は東北三省を占領するや植民地政策を実施　日本の農民を広大な農地に送り込む　開拓団として農耕に励むも　時の流れ速く　一九四五年八月日本軍降伏　あまた開拓民　惶惶として逃げ惑う　九死に一生を得て方正に辿り着くも　飢餓　酷寒　病疫に耐え切れず罪なき亡霊五千　一九六三年春　荒地開墾の残留婦人　白骨を発見して惶懼　これを集めて埋める　申請を受けてこの年五月　中国政府　仁慈の心をもって碑を建て　亡魂を悼み　故国を想い

ながら他郷に没した魂魄を慰む　後世の者　前の経験を忘れず後の教訓とせんことを　中日の戦永遠にやみ　善隣友好を永遠に忘れぬために　二〇一〇年三月追記》

（奥村正雄訳）

（ちょう・きしん：七五歳（注・執筆時）。一九六一年から一九八五年まで黒龍江省政府外事弁公室領事僑務処に勤務。方正地区日本人公墓建設時にこれを担当。石材選びから墓碑銘の書家探し、方正までの搬送を陣頭指揮。日本処科長、処長を歴任。現在、北京市在住。方正友好交流の会の「方正墓参の旅」で世話していただいているハルビン中国康輝国際旅行社の趙航社長は筆者の次男）

報恩の「中国養父母公墓」

自力で建立した遠藤勇の物語

大副敬二郎

■…勇は帰国が決まって迷った、苦しんだ。年老いた養父母を置いて帰るのか——でも帰国したい。ジレンマの中で、それでも帰国した勇。その胸の中には、秘やかな「報恩」の決意があった。きっとやる！　それから二三年経ってその決意は見事に実った。

平成七年（一九九五年）八月一一日、中国東北の黒龍江省方正県にある中日友好園林では、厳かな儀式が行われていた。

この友好園林には日本敗戦後、この地で息絶えた日本人避難民、そのほとんどは日本の開拓団員だが、約五、〇〇〇人が祀ってある「日本人公墓」がある。この公墓は死者を悼んで中国政府の許可で中国人民が建てた唯一の公けの墓である。この地にもう一つ「麻山地区日本人公墓」の墓石がある。これも不幸にして麻山地区で避難の途中で死んだ数千人の開拓団員たちの墓標である。そこへもう一つ墓標が加わったのだ。

「中国養父母公墓」、敗戦前後の混乱で逃げ惑い、親から離れた日本人の幼い子供たちを養子にして育て上げた中国人養父母たちを祀る墓である。中国は日本敗戦から二〇年余りは、新国家建設という意気に燃えてはいるものの、国民の大半は生活は苦しく、貧しかった。日本人残留孤児の養い親たちも、ほとんどが貧困にあえいでいる状態だった。そんな中で三度の食事を減し、少ない食べ物を分かち合って食べ、幼い子供たちを立派に成人させた。年月がたち、残留孤児たちの多くは日本に戻り、残された養父母たちの多くは死後の墓所もない人達が残された。

「全中国の日本人残留孤児の養父母の皆さん、あなた方の安らかに眠るところができました」と呼びかけたのは岩手県出身の遠藤勇、中国名・劉長河、この時五五才。友好園林に中国政府の許可をもらい、養父母のために墓所を作り、墓碑を建てた。この日、平成七年（一九九五年）八月一一日、中国政府関係者の出席を得て墓碑の除幕式が行われたのである。遠藤勇も五歳で残留孤児となり、瀕死の勇の命を救い、立派に成人させてくれた養父母がいた。勇は成人して日本に帰国してからも、この養父母たちにできる限りの孝養を尽くした。そして墓所を持たない養父母のために、また同様な多くの養父母たちのために、自力で墓所を作り、呼びかけたのである。

勇のこの行為は、成人させてくれた養父母への「報恩」の気持ちだけではない。命を救ってくれた「命の恩人」というよりも、もっと深い人間としての心がある。そしてこのことを成就させるために、帰国してからの苦闘がある。勇は今も思っている。「これでもまだ足りない、もっと何かをしてあげたい」

昭和一五年（一九四〇年）六月七日、岩手県下閉伊郡岩泉町小川村穴沢で生れ、現在六三歳（注・二〇〇三年の執筆時）の遠藤勇。その軌跡を記してみる。

依蘭県松木河岩手開拓団

決して豊かではない農家の長男として生まれた勇は、生まれつき丈夫とは言いがたい乳児であった。ちょうど満一歳を迎えて間もない昭和一六年（一九四一年）九月、日本の国策で村を分ける形での満蒙開拓団の一員として、祖父母、両親、叔父二人、叔母一人、妹一人の計九人家族で一家をあげて満洲国三江省依蘭県松木河岩手開拓団地に入植した。

中国養父母公墓の前に立つ養母呂桂雲さんと遠藤勇氏

もちろん、勇には入植した時の記憶はない。開拓団岩手団地の記憶は、入植以後四年弱の年月の中で断片的に刻まれたものだけだ。勇の記憶の中ではおぼろげに父や入植してすぐ妹を産んだ母、老いても弱々しさを見せなかった祖父母の立ち居振舞い、十代の若い叔父や叔母たちの朝から晩まで農作業に没頭する姿、そしてその背景には広漠たる大地があった。その広い大地の中に、焼いた煉瓦を積み上げた戸建ちの三間房子（一棟三間建て）が数十棟も背中合わせに立ち並び、それらの家を約三メートルほどの高さの土塀が囲んでいた。この集落は松木河岩手開拓団の本部でもあり、勇の家もその中にあった。

二〇ヘクタールもある水田、その倍もありそうな畑地、その広大な農地を家族あわせて三百人を越える開拓団員たちが開拓に励んだ。入植後、一年目の春からこの広大な農地を団員たちは力を合わせ耕した。麦、大豆、高粱、玉蜀黍、小豆などの大量な収穫、米の稲刈りには四〇日も費やさなければならなかった。村を分けての満洲行き、不安と希望が入り交じった気分が晴れた。これで豊かになれる、団員たちはそう思った。

満洲の開拓団は昭和七年（一九三二年）から昭和二〇年（一九四五年）まで、日本の重要な国策として遂行された。昭和七年、第一次弥栄村開拓団が入植したのを皮切りに、二〇年間に五百万人もの移民を計画した。そして敗戦の年には大東亜省の発表によると、三百万人が開拓団として移住していた。それも昭和二〇年八月、敗戦によって夢見た楽土は無残にも打ち砕かれた。

逃避行の始まり

昭和二〇年（一九四五年）八月九日早朝、ソ連の大軍が満洲に攻め込んできた。開拓団の多くが入植している北満の国境線はやすやすと破られ、ソ連軍の蹂躙に任せた。日本の頼みの関東軍の精鋭の姿はなく、根こそぎ総動員令で集められた未熟な日本兵たちが必死になって抵抗したが、ただ破れるために戦っているような無残な姿を露呈していた。

松木河岩手開拓団に「依蘭へ避難」の命令が出たのは八月一二日。一五日までに依蘭に結集しろ、という命令だった。避難の命令は出されても、開拓団の家々は「なあーに、すぐに戻ってこられるから」と玄関の扉や窓を簡単に釘を打ちつけての戸締まり、そして一週間分の食料、一、二枚の下着だけを持って、まるで小旅行に行く出立ちで出発した。

勇の家族も他の団員たちと変わらない姿で避難の旅に出た。しかし、この岩手開拓団の中では最も脆い七人家族の集団だった。この時、父・遠藤清一郎は五月の「根こそぎ総動員令」で召集、二〇歳になった上の叔父も同様で家に居なかった。とにかく、年老いた祖父母、病弱の母、一五歳の徳太叔父、それに叔母、五歳の勇、まだ幼い妹たちの七人が、これから過酷な運命にさらされることを予想だにしないまま、四年間住みなれたわが家を離れた。

逃げる途中で敗戦を知る

昭和二〇年（一九四五年）八月一二日・朝、夜が開けると慌ただしい一日が始まり慌ただしく出発した。瞬く間のうちに昼になり、開拓団本部から約一キロメートルのところにある松木河畔にさしかかった。河にかけられていた橋は数日来の雨で流されていた。一人しか乗れない筏を組んで渡河を始めたが、その日は1／3の人しか渡れなかった。夜は野宿。

八月一三日・昼頃、河を渡り終えた人たちと合流、途中、粛正屯の市長宅の倉庫に持ってきた荷物の大半を預け身軽になって、子供、老人を大車三台に乗せて太平鎮に着く。この日はこの町の日本人商店に分宿して歓待を受ける。

八月一四日・朝一〇時頃、太平鎮を出発。協正屯で一泊。屯長の好意で豚汁を腹一杯、ご馳走になる。小さな商店で飴や駄菓子などを買いあさる。ここで一泊。不安ではあったが飢えず、良く眠れた。平和な日々はここまで。誰もが明日から襲いかかる運命を予測していなかった。

八月一五日・ソ連機の往来が激しくなる。橋の下などに隠れてやり過ごす。どこからとなく日本敗戦の報が伝わる。信じる気持ちと信じない気持ちが交錯する。夜は日本軍の一団と共に過ごし、安心した気分が蔓延する。

八月一六日・依蘭に着く。すでにソ連兵が街中を歩いている。依蘭への途中、日本人開拓義勇軍の死体に遭遇。敗戦を信じる気持ちになる。

八月一七日・初めてソ連機の機銃掃射に合い、多数の死傷者がでる。匪賊襲来の情報頻繁。そんな中を牡丹江畔へ向けて必死で歩く。

八月一八日・一日、逃げ惑うようにして歩く。夕方、旧日本軍陣地に着く。しかし、ここも匪賊に襲われるとのことで夕食後、早々に陣地を出て徹夜で歩く。

八月一九日・避難する開拓団の「自然解体」が始まる。老人を背負って来たが力尽き、老人の一部を地元の日本人尼寺に預ける。そして夜中も歩き続ける逃避行が始まる。この日から子供と共に入水自殺、狂って隊列を離れる人が目立つ。開拓団の集団が匪賊、ソ連兵の襲撃でばらばらになる。

八月二八日〜九月二八日・八月二八日、方正へ着き、難民収容所に入る。ここで数日過ごした後、伊漢通へ逆戻り。一か月を過ごす。再び方正の収容所に戻される。この一か月の間で疲労、栄養失調で死亡する者多く、幼い子供たちの大半は命を落とす。

一一月〜。この月の半ば頃から毎日、死亡者が出る。昨夜まで元気そうに見えた大人が翌朝起きてこない。息絶えている、そんな日々が続く。

遠藤勇一家の壊滅

半年近くの壮絶な逃避行の中で、頑健な体つきとは思えない五歳の勇は、生き延びていた。祖父母は避難の途中で脱落、おそらく誰にも看取られることもなく、木立の陰で人目を避けて息を引き取ったのだろう。弱い者から死んでいく、その習わし通りの最後だったと思える。そして方正の難民収容所に着いて、幼い妹、母、叔母と次々にあの世へ旅立った。それでも勇は生き残っていた。しかし、その生きざまは、いつ死んでも不思議ではないほど衰えていた。

北満の冬はたとえようもないほど寒い。方正の冬も同様である。しかもコンクリートを叩き放しの床に仕切りの壁もなく、ただ広く、屋根だけがついているというだけの倉庫跡の建物で冬を迎えた勇は、一五歳の徳太叔父が収容所を脱柵して街で中国人の走り使いや手伝いをして得た金でかろうじて生きていた。

しかし、それもいつまで続くかわからない。日本にいつになったら帰国できるのか、その日まで勇の命は持つのか。ここまで生き延びてきた勇の命を失わせることはできない。徳太叔父はただ一人生き残った肉親の勇の命を何としても救おうと必死になった。日毎に衰えが目立つ勇を見て徳太叔父は決意した。中国人に育ててもらおう。生きていれば必ずまた会える、一五歳の少年にとって重い決断であった。それからの五日間、知り合いの中国人を訪ねては勇のもらい手を捜し、勇の養父母になってくれる相手を見つけた。劉振全・呂桂雲という大工職人の夫妻である。勇を劉・呂夫妻に手渡す時、立っているのがやっとの勇は、じっと徳太叔父の顔を見つめて何かささやいた。徳太叔父にははっきり聞こえなかった。涙をいっぱい溜めて俯いていた勇の姿に、生きていてくれ、生きているんだ、と声にはならず、ただ胸の中で励ますほかはなかった。敗戦から半年も経たず、極寒のさなかに勇はもらわれていった。開拓団の夢は実現せず、遠藤勇の一家は壊滅した。

勇はこの日から「劉長河」という中国人になった。

身元がわかると引っ越した

それから半年後、難民引揚げで帰国した徳太叔父は、勇を劉、呂夫妻に預けたことを悔いた。しかし、生きていれば必ず会える、そう思っていた。引揚げで方正を離れる時に会った勇は、六歳の少年らしく元気だった。その元気さが徳太叔父にとっては自分を許す救いとなった。

劉、呂夫妻は勇に優しかった。弱り切った勇を回復させようと高価な米を買ってきて粥を炊いて食べさせた。春を迎えると、勇は命をとりとめたことがはっきりわかるようになり、夏になると、あれほど衰えていた体も回復、子供らしく外へ出て遊ぶようになった。中国語も覚えた。しかし、勇は寡黙な少年だった。養父母たちは実の親のように優しく、厳しかった。勇が日本人の子供であることでいじめられるのを恐れ、それを隠した。しかし、隠しおおせず勇の身元がわかった時、養父母たちは何のためらいもなく住居を変えた。引越しして勇の出自を隠した。そして勇の身元が露見する度に引っ越した。実直な養父と優しい養母に育てられ、勇は中国人の少年らしく育っていった。

昭和二四年（一九四九年）九月、方正鎮小学校入学。

昭和二九年（一九五四年）方正第一中学入学。

昭和三二年（一九五七年）通河県第一中学（高校）入学。

昭和三五年（一九六〇年）黒龍江大学外国語学部ロシア学科入学。

昭和三九年（一九六四年）七月に大学卒業。ハルビン市第九十中学校にロシア語教師として就職。

こうして遠藤勇の劉長河は中国人として成人した。しかし、一人でいる時、「勇」という日本人に還り、おぼろげに浮かぶ父の顔、母の姿、そしていつの間にか別れてしまった祖父母、妹や叔母たちを思い出しては涙した。

文革の嵐に巻き込まれる

大学卒業の間近かの昭和三九年（一九六四年）五月、勇は日本赤十字社を通じて実父の所在を確認、文通を始めた。そして中国政府に帰国申請を提出した。当時、国交回復がなされていない日中両国の間では両国の赤十字社を通じてのものだった。父の所在確認ができても、いつ帰国できるか詳細は分からなかった。それに先に帰国した徳太叔父によって五歳まで勇の健在は確認できても、それからの約二〇年は健在であるかどうかも不明のままだったから、帰国はままならなかった。しかし、実父の所在が分かり、文通を始めて勇の望郷の念は強まるばかりだった。

さらに、こうした状態に追い討ちをかけたのが昭和四一年（一九六六年）六月に始まった文化大革命であった。文革が始まってすぐの七月、帰国申請まで出している日本人として、その嵐に巻き込まれた。秘匿していた日本人であるという出自も分かり、養父母も就職先の中学校でも自己批判を強制され、必然的に帰国申請は挫折した。

「もう日本には帰れない」、そう思える雰囲気の中で、文革の当初三年間を落ち着かなく暮らした。しかし、文革の嵐は収まりそうもなく、また、この嵐に翻弄されるのはたくさんだという気持ちもあって、婚約していた紅子との結婚に踏み切った。紅子は日本人の父親、母は中国人という境遇に生まれ、そうしたことで勇と同質な苦労をしていたから勇の置かれている立場も理解でき、そのことから起きるいろいろな苦労も分ち合えた。

しかし、結婚から一年たって勇が職場から追放、いわゆる「下放」され、ハルビンから離れた地方の人民公社で、強制労働をさせられる。幸いなことに身体は、劉、呂夫妻のもとに救われて来た時の、明日の命もわからないような弱々しさから脱して、頑強な肉体と粘り強い精神を持っていた。だから強制労働をさせられても、それに耐える力はあった。

帰国許可と新たな苦悩

そしてこの時期、中国紅十字会が残留邦人たちの帰国申請を受けることになった。帰国を半ばあきらめていた勇にとって、まさに天からの恵みであった。しかし、老いが目立ち始めた養父母を置いて帰国するわけにはいかない。勇と紅子夫婦には日本への帰国は何の問題もない。ただ帰国してから勇の仕事があるのか、何がやれるのか、という問題だけが気にかかった。養父母の場合はそうはいかない。生活習慣の違い、それにまだ現役でいい腕を持っている職人の養父の仕事、考えれば考えるほど、帰国の条件はきつくなった。こうして二年が経った。

昭和四七年（一九七二年）九月、待ち望んでいた日中国交回復が実現した。そして翌昭和四八年（一九七三年）夏に廖承志氏を団長とする訪日団が来日、当時の岩手県知事千田正氏を通じて

嘆願書

長男遠藤勇（中国名劉長河）現在中華人民共和国東北地区哈尔濱市に居住し、中国政府御当局の御庇護のもとに同市第九十中学校（東風公社）の一教師として奉職致しているものでございますが、この長男勇につきまして、本日迄の事情を申し上げ、帰国許可に関しまして特段のご配慮を御願い申し上げる次第でございます。

私は一九四〇年開拓農民として故郷を離れ、当時の中国東北地区三江省依蘭県松木河開拓地に入植いたしたものでございます。その後一九四五年、あの忌むべき戦火ももはや終局に迫りつつあるとき、私は動員を受け軍隊に急遽入隊致し敗戦とともにシベリヤに抑留され一九四八年日本に復員致したものであります。

この間現地に残した両親妻は病死致し、五才に成育した勇は孤児の境遇となり一九四五年三江省方正県日本人難民収容所に収容されておりましたが、劉振全、呂桂雲御夫妻の民族を越えた御厚情溢るる御慈愛を受け、あまつさえ社会に伍して足る十分な教育を履習し、立派に成人致したものでございましてこのたびは、誠に感謝の言葉もなく、その御厚志に唯々御夫妻の膝下に伏して拝む気持ちでございます。

その後一九六五年現地から初めて勇の消息に接し離別二十余年以来、其の安否を懸念致して居りましたいとし子の筆跡に接し大いなる感動そして歓喜を覚えたのであります。

団長閣下、誠に私の希いは身勝手で恥ずるべきものでございます。これまで中国政府御当局と人民の方々のご家族の一員として迎えたいという事は勇にとっては中国に対し人民に対し志恩の徒となり私にとりましても同様でございます。しかし私は日本の田舎に住む一労働者であり決して充分な教育を受け智性に富んだ人間ではありません。理性も道理もふまえず唯々血につながる親子の切ない愛情で勇をいとしく感じその帰国を待ち望んでいるのでございます。

亡妻の母親もすでに高齢に達し、勇の事を病の床より案じ、去り行く日々を帰国に託しいくばんもない余命をつないでおります。

勇も又文通以来ここに八年、この間たゆまなく私をはじめ親族達を思慕し望郷の念やみ難く、其の真情を切々と私の胸に強く訴え続けてまいっておりまして、其の焦燥と懊悩は身につまされるものがございます。

以上縷々私ども親子の帰国によせる真情を申し述べましたが今やすでに、私たちは本国民一億こぞって切望した日中復交の礎ここに成り日中友好は二千年来の大義により子々孫々に脈々と受継がれようと致しており誠に喜びに堪えない次第でございます。

団長閣下私ども親子の事情御推察下さいまして勇の帰国につきまして何卒一層の御協力を賜ります様、心からお願い申し上げます。私たち親子の其の願いを成就させて頂きたいのです。私達に一陽来福のよろこびを与えて下さいますよう切に御願い申上げたいのでございます。

日本国岩手県下閉伊郡岩泉町穴沢
遠藤清一郎

一九七三年五月

中日友好協会訪日代表団
団長廖承志閣下

訪日団副団長の李素文女史に、実父の遠藤清一郎から勇の帰国嘆願書（前頁）が出された。それからまた一年が経過した。昭和四八年（一九七三年）一〇月、待望の帰国許可が下りた。翌年二月の帰国を目標に紅子と二人の子供の帰国準備にかかる。この時点になっても養父母の問題はすっきりとした形では解決していなかった。養父母たちは勇たちの帰国を心から喜んでくれ、自分たちへの心配はいらないといってくれた。しかし、その表情には隠しおおせない寂しさがにじみ出ていた。そして昭和四九年（一九七四年）二月、ハルビン－北京－香港－羽田と長い旅をして日本に帰国した。

養父母への恩義を忘れずに

勇が日本に帰国した時、三四歳になっていた。渡満した時は乳飲み子で母親に抱かれて海を渡った。そしてこの帰国がいわば初めての日本であった。日本人でありながら日本語もおぼつかない。生活習慣も違う。勇は帰国後の一年を日本に慣れるために費やした。故郷である岩手県岩泉町の実父のもとで家族共々過ごした。実父清一郎は、終戦の年に召集され、敗戦後はそのままシベリア送りとなって、昭和二三年（一九四八年）帰国、復員していた。そして方正で勇と別れ、先に帰国していた徳太叔父から一家壊滅の状況を聞き、中国人の養子となった勇の生存に望みをかけて生きてきた。やがて敗戦から二〇年経って勇の生存が確認され、文通が始まった。

勇は実父清一郎が召集された時は四歳、その顔もおぼろげな記憶しかない。しかし、清一郎にとって勇は唯一生き残ってくれた肉親である。勇にとっても同じことである。国交回復の時期も定かでなく、訪ねて行きたくても行けないその時期、お互いを繋げるものは手紙だけであった。そして父からの手紙の最後に、必ず記されていたのは、

「勇を立派に成人させてくれた養父母への恩義を忘れてはならない」

という言葉であった。もちろん、勇にとっても同じ思いであり、また実の両親のように養父母の二人を慕っていた。

帰国後一年たって勇一家は上京した。大手商社に就職が決まったのである。ちょうど高度経済成長のさなかであり、仕事も忙しく、中国帰りの特性を生かして対中国関係の仕事に打ち込んだ。そして、より中国に貢献できる職場、就職先を求めて会社を変わった。最初の就職から六年目に、共同経営ではあるが対中国向けの貿易会社を設立した。こうして始めた事業は勇の地道な努力もあって大きく成長し、今では仕事の大半を息子が手伝い、さらに順調な発展を見せているという。

養父母への絶えない思慕

中国から帰国して三〇年、勇の日本での生活は順調に進展してきた。しかし、自分の育った中国黒龍江省方正県のことは瞬時も忘れない。方正を忘れることは、自分を育ててくれた養父母、文革に巻き込まれた時、日本へ帰った方がいいといってくれた養父母、自分が心から慕い、感謝している養父母を忘れることになる。養父母たちへ思いを込めて、経済的な余裕ができると欠かさず仕送りした。昭和六三年（一九八八年）には養父劉振全を日本に呼んで長期滞在させ、新幹線にも乗せた、富士山も見せた、東京も連れ回した、温泉にも一緒に入った。どんなに歓待しても何か物足りなかった。勇の報恩の気持ちがこれでいいと納得してくれなかった。

それから二年後、養父劉振全は死んだ。

その四年後、一人で暮らしている養母呂桂雲は、勇たちと日本で一緒に住むために来日した。新築した家のひと間を養母の部屋にした。冷暖房完備の部屋に、中国のビデオテープを五百本近く揃えた。しかし、養母は数か月の後、帰国した。言葉も分からず、友人もいない、年老いての孤独はつらいかもしれない。勇はそう思った。ただ救われたのは養母は帰国する時、心から感謝の言葉を言ってくれたことだ。

その養母もこの訪日から四年後に死んだ。

昭和六二年（一九八七年）夏、黒龍江省で大きな森林火災があった。この復興資金に八一〇万円を寄付したのを皮切りに、方正県の水害や出身校の方正第一中学校に理科の実験用具を購入するための寄付など、現在までに一、五〇〇万円を越す寄付を黒龍江省と方正県に行った。こうした勇の行為は、自分を養育してくれた劉、呂夫妻への恩を忘れていない気持ちの現れである。しかもそれが自分だけの問題ではなく、当時の中国に驚くほど多くいた残留孤児たちに、心を砕いて養育してくれた養父母たちへの、ひいては中国人民たちへの感謝の念となるのだ。

養父母公墓建立の思い

勇はいつの頃からかこうした中国の養父母たちのために、安住の地を作ろうと考えた。準備も少しずつではあるが進んでいた。そしてこの計画が一気に具体化したのは、養父劉振全の死だった。当時の中国では、大都会は別として、地方の寒村などでは、墓地として明確な場所があるところは少ない。ただ漫然と遺骸を置き、それが多くなって墓地の形をなしてくる。そんな墓地が多かった。それに日本人残留孤児を養育してくれた養父母たちは、概して生活は貧しく、墓地の用意などできない人達が多かった。勇はまだまだ生きていてほしかった養父の死で、養父母たちへの報恩はこの墓所を作ることだと思いこんだ。そしてそれから五年間、中国政府、黒龍江省政

遠藤勇氏が建てた「中国養父母公墓」

府、方正県政府と交渉を重ねた。交渉の相手方はこうした例がなかったこともあって、また、侵略者と位置付けている日本との問題という政治的な絡みもあって、一時は交渉が頓挫した。それを破ってついに許可が下りたのは、何と言っても勇の「養育してくれた養父母たちへの報恩の気持」だけが交渉相手を納得させた。そしてその場所を日本人公墓のある方正の友好園林内に作る、この施設は完成後、方正県に寄贈する、などの条件であった。

平成七年（一九九五年）八月一一日、『中国養父母公墓』の除幕式が行われた。養母呂桂雲と参列した勇は、これで報恩の序幕は終わったがこれからはもっと、と自分に言い聞かせた。そして中国全土、日本に帰国している残留孤児たちへ呼びかけた。

「恩を受けた養父母の骨を納める墓所に困っている残留日本人孤児の方は、養父母たちの安住の場所ができました。方正県政府に連絡してください。」

この呼びかけは全国の新聞、ラジオ、テレビが「養育之恩、永世不忘（いつまでも忘れない）日本残留孤児の報恩のしるし」などと大きく取り上げた。また、この勇の行為を喜びを隠しながら黙ってみていた実父清一郎は、この除幕式の半年前、永遠の眠りについていた。

遠藤勇・六三歳。その半生は国策に翻弄され、死の淵をさまよい、それでも敢然と生きてきた。そして、今思うことは、国を越え、民族を越え、憎悪や復讐の念を捨て、睦み合って生きていこうということだけである。多くの人たちから受けた恩を忘れず大切にして生きていくこと。燦然と輝く「中国養父母公墓」の墓碑銘、合わせて彫られた「養育之恩、永世不忘」の対句、その墓碑の下に最初に眠ったのは養父劉振全である。今では養母呂桂雲もともに、勇の心を込めた報恩の証しの墓標の元に眠る。

〈付記〉遠藤勇さんには多忙の中、長時間に亙ってお話を伺いました。書き足りないところばかりです。また、岩手県の岩泉民間伝承研究会編・発行の『93不思議の国いわいずみ・ふるさとノート』の「満州国三江省依蘭県岩手開拓団」の項を参考にしました。

金丸千尋

——中国・東北との友好に駆けた男

大類善啓

■…互いに信頼し合うこと、そして、何をしてあげたか、何をしてもらったか——考えるだけではなく、行動すること。戦後、中国の解放戦争にも参加した金丸千尋の教訓である。そして中国東北の広野を駆けめぐって日中友好を具現した優しくたくましい男の記録である。

戦後、国交回復前から日中友好運動に携わった人たちは多いが、ここに登場する金丸千尋さんは知る人ぞ知る、文字通り日中友好活動に今なお全身で邁進されている方である。その携わった事項は、遠くは一九六〇年代前半の松山バレエ団や新劇団、前進座の中国公演、近くは日本が生んだ世界的ジャズピアニスト秋吉敏子の大連公演など数え上げれば切りがない。一九九九年の夏、瀋陽で建立された「中国養父母に感謝の碑」の件でも奔走された。

もともと金丸さんは、マスコミの表に出ることには積極的ではない。それというのも、中国で事故や栄養不良で死んだ人たち、あるいは国民党の凶弾に倒れ無念の涙を呑んだ人、負傷して片足を無くし、帰国後もハンディを背負いながら懸命に生き、日中の友好の礎を作ったかつての仲間を思うと、申し訳ない、自分が表に出ることは遠慮したい、という気持ちになる。金丸さんのそんな気持ちをあえて押して、方正県に光を当てる本書にちなみ取材に応じていただいた。

中国大陸との出会い

方正県との話の前に、まず金丸さんと中国との関わりからみてみよう。

金丸さんは一九二九年（昭和四年）山梨県に生まれた。高等小学校を卒業すると満洲へ。当時の学校では「行け満洲へ」という雰囲気。兵隊に行くか、満洲へ行くか。先生の教えの影響も大きいと述懐する金丸さんは、「からだも小さい」から軍隊へ行くよりは満洲へという道を選び、中堅技術者を養成する満鉄経営の鉄道技術者養成所に入った。

一九四五年（昭和二十年）四月卒業後、満鉄チチハル検車区に勤務する。入ったと思ったらすぐに敗戦である。満十六歳の時だ。「まだ子供ですよ。ひとり者だし気楽なものだったが、問題は食うことです」

敗戦後も、かつての同僚の中国人たちから飯を食べさせてもらったりしていたので、中国人に

ついては怖いという思いはない。それより、ぼろぼろになった靴を見て靴をくれたり、粟のお粥を食べさせてくれた記憶が強く、「困っている人には無条件に同情して一緒に食べろという中国人の気持ち。一視同仁という心の広さ、これが孤児問題に関わる僕の根本問題ですよ」という。

チチハル市郊外で中国人の農家で働かせてもらったり、ソ連軍使役に駆り出されての重労働。その上、食べ物もなく、栄養失調。そんな中、かつての関東軍の壊れた倉庫の片隅に麻袋を引いて横になり、ソ連軍が列車で運ぶ途中で落ちた大豆を缶に入れ、煮て食べて飢えを凌いでいた。その時、八路軍がやってきた。陳毅率いる新四軍の一部だ。金丸さんたちの姿を見て粟などを持ってきてくれた。そして片言でこういうのだ。

「ショーコウさん、米のメシ、ヘイタイさん、米のメシ。ショーコウさん、粟のメシ、ヘイタイさん、粟のメシ」。みんな平等だから随いて来いという。「もう力も出てこない。このままいたんじゃ死んでしまう。深く考えもせず、随いて行けば命は長らえるだろうと思った」

他の三人は同行しなかったが、一番衰弱状態のひどい金丸さんは一人、八路軍に随いて行った。

人民解放軍へ入る

八路軍の衛生所でカルシウムの入ったリンゲル注射。「からだがポッポしてくるんだ」。少し肉が入った温かいお粥も食べさせてくれた。一週間もすれば力もだんだんつき、一か月たつと、からだは完全に直った。何か仕事をさせてくれと頼み、薪割りを手伝ったり、銃をもらって部隊の移動に一緒に行動した。

一九四六年（昭和二一年）八月、日本人が引き揚げるというので、自分も帰りたいと思うが、若い者と技術者は留用だという。金丸さんも留用組に入っていた。ある日、留用された人たちに、八路軍がみんな集まれという。集まった人たちを前にその男は、日本語でこんな話をした。

その一つは、ややおつむが弱い大正天皇の話を持ち出し、天皇陛下だって人間だ、神ではない。普通の人間なのにあなたたちは騙されていた。もう一つは、もうすぐこの戦争（国民党との戦い）は終り、必ず平和になるだろう。我々が勝利するまで協力してくれ、という言葉だった。

金丸さんはこの二つの話が今でも強く印象に残っている。話をしたのは、戦後対日関係で大きな役割を果たした趙安博氏（中日友好協会・初代秘書長）だった。金丸さんが東北民主連合軍（八路軍）に入るきっかけはこのような事情だった。

その後、軍工部に配属され、若い人たちに旋盤の技術などを教えて各地を転戦。新中国成立後も、チチハル市政府、解放軍華北軍区訓練団、湖北省政府機関（武漢）などに勤務した。

この武漢で金丸さんは、後に結婚することになるキヌ子さんと出会った。そして武漢から一九五八年（昭和三三年）、興安丸でキヌ子夫人と共に帰国した。その前年に結婚したキヌ子さんが、実は方正県にたいへん縁のある人なのである。

キヌ子夫人と方正県

キヌ子さんは三歳の時、埼玉県秩父地方の中川村開拓団として家族とともに満洲へ渡った。昭和十四年のことである。父親は敗戦前に病気で亡くなった。敗戦になると暴動が発生。土地を奪われた現地の人々の怒りが爆発したのだ。キヌ子さんは六人兄弟（姉妹）の下から二番目、一番下が妹である。長姉は看護婦、長兄は兵隊として一家とは別れていた。

母親とキヌ子さん、四人の子供たちの逃避行が始まった。長野県から入植した泰阜村の人々と一緒になった避難先は方正県である。その間、関東軍に守ってもらおうとしたが、すでにいない。開拓団の幹部からは、子供は泣くから処分しろという。「お母さんはやむなく下の妹を死なせた。女房は歯をくいしばって助かったんです」。その冬、母親は、発疹チフスで死亡。亡くなる前に三人の子供たちを中国人に預けた。

ところが長姉がその頃、八路軍に看護婦として働いていた。風の便りに家族たちが方正県にいるという話を耳にした姉は、八路軍の銃を持った護衛兵付きで、方正県まで探し訪ねてきた。そして、とある部落にいた三人の妹たちを見つけ、キヌ子さんたちは姉に引き取られた。

その後、キヌ子さんたちも八路軍に入った。保母さんということだが、まだ十二歳の子供である。キヌ子さんの仕事は、幹部の子供たちを遊ばせることだった。キヌ子さんも八路軍の転戦に従い各地を歩いたが、もし姉が探しにこなかったら、キヌ子夫人も残留孤児になっていたかもしれないのだ。

藤原長作さんとの出会い

さて、金丸さんと方正県のことでいえば、藤原長作さんとの逸話もある。藤原さんが独自の稲作法で中国・東北の寒冷地で役立ちたいという話が、ある人を通じて金丸さんの所にきた。これはぜひ東北三省へ行ってもらえれば役立つだろうと思った金丸さんは、知人のある学者に話したところ、その人は、東北地方はアルカリ土壌だからダメだと話にのってくれない。やむなく、話を持ってきてくれた人に、日中友好協会の副会長だった赤津益造さんを紹介し、赤津さんに相談しなさいと話をした。赤津さんと金丸さんとはしょっちゅう日中友好運動で話し合う仲だった。藤原さんは、結果的には赤津さんの手を経て方正県へ行くことになるのだが、金丸さんとの縁も密かにあったのである。

その方正県には、「方正地区日本人公墓」と並んで「麻山地区日本人公墓」が建立されている。この麻山地区の日本人公墓建立に金丸さんは多大な貢献をされた。そのことは中国の『方正県史』にも金丸さんの名前を記して書かれている。

麻山事件の遺族との邂逅

一九四五年八月九日、ソ連が参戦。満洲へのソ連軍の突然の侵攻は、満蒙開拓団の人々を混乱の坩堝に陥れた。頼みの関東軍は、南進政策もあり、守るべき人々を置き去りにして満洲にはすでにいなかった。避難途上にあった哈達河《ハタホ》開拓団は、満洲の東部国境に近い麻山で、ソ連軍の包囲攻撃を受け行き止まった。

このままでは婦人たちはソ連軍の凌辱に遭う。身近に迫った危機に婦女子四百数十名が自決するということになった。それを四十数名の男たちが小銃を使って介錯する。残った男たちは、その後ソ連軍に斬り込むことになっていた。しかし、それも果たせず間もなく敗戦を迎えて一部の人々は祖国に帰還した。

この痛ましい麻山事件については、中村雪子さんのたいへんな労作である『麻山事件』(草思社刊)が、詳しく叙述しているのでぜひ参照していただきたい。

麻山で散った女性たちの遺骨が戦後もずっと野晒しになっている。戦後悶々と自責の念と悔しい思いをしていた遺族たちは、なんとか遺骨を収集し慰霊したいと長年思っていた。当時十八歳だった納富善蔵さん(団長直属の伝令として混乱の中、馬を飛ばして四キロ以上に伸びた隊列の連絡にあたっていて生き延びたが、両親、弟妹三人を失っている)たちは哈達河会を設立しその実現に奔走した。

やっと第一回目の訪中が一九八二年(昭和五七年)に実現した。敗戦後、公式には日本人として初めての鶏西市訪問である。しかし、数日来の大雨のため麻山へは行けなかった。第二回目が翌年、テレビ局も同行し麻山までは行けたが、現場では三十分の取材しか許されず、写真撮影も慰霊の行事も許可されなかった。散乱する遺骨を前に、遺族は再度涙を呑んでの帰国だった。

帰国後、関係者は第二次訪中記を作成、関係する方面に遺骨収集の協力を要請した。それを知った中国現代史の研究家である野上広生氏が、「中国の東北に強い」という金丸さんに連絡をしてきた。

金丸さんは思った。本来は政府がやらなければならないが、遺骨問題については厚生省はもうやめようという考えだ。政治家は票にならないからやらないだろう。となると民間でやらざるを得ない。そう考えた金丸さんは、「遺骨収集はできても、それを日本に持ってくることはできないだろう。しかし、方正県には日本人公墓がある。そこに納骨するなら可能性がある。それならひと肌脱ごう」と納富さんに話した。

孫志堅との出会い

その時、金丸さんの頭の中には、孫志堅という男の名前が刻み込まれていた。孫志堅は方正県の公墓建立の時、黒龍江省から国務院と外交部に許可をもらいに北京に赴いた男だった。そして金丸さんとは一九六四年の松山バレエ団のハルビンでの公演の時、一切の世話をやいてくれた人だった。その時、孫氏といろいろ話した金丸さんは、お互いチチハルなどにいたこともあり、共通の友人がいることを知って肝胆相い照らす仲になった。

孫氏は、文化大革命中はご多分に漏れず迫害され、死刑の宣告も受けたという。もちろん金丸さんとの交流も途絶えていた。

ところが一九七八年の訪中の時、金丸さんは孫氏と再会し、お互いの健在を喜びあった。孫志堅氏はその時、黒龍江省人民政府外事弁公室副主任、中国人民対外友好協会黒龍江省分会副会長という要職である。

納富さんから話を聞いた金丸さんは、すぐに孫氏に電話を入れた。孫氏は「わかったが、まず調べてみよう」という。二、三日後に電話をすると、「人を派遣したが雪があってわからない。骨があるということは噂としてある」との回答だった。訪中した金丸さんは孫氏に、日本人の風俗習慣として納骨しないと浮かばれないという気持ちを話し説得した。

その後、孫氏と黒龍江省の陳雷省長が香港に来るという。金丸さんは香港に飛び、最終的に合意になった。

一九八四年（昭和五九年）第三次訪中で、麻山への遺骨収集が実現。マスコミ三社も同行。方正県に着けば、前からあった「方正地区日本人公墓」の隣に、同じ大きさで「麻山地区日本人公墓」という墓が建立されている。驚くようにスムーズに運んだ経緯も、金丸さんと孫志堅氏との長い友好的な交流がもたらしたものだった。

最後に金丸さんは、日中関係についてこう語った。第一に信頼し合うということ。そして第二に、中国の人々は、何を我々にやってくれたか、そして何を我々がやったかを考える人たちだという。口先だけではない行動が大事なのだ、と結んだ。

ある満蒙開拓団員の戦後

宮沢一三（長野県）

私は岐阜県泰阜村三耕地という部落で生まれました。母は病弱であり、妹は二人でした。下の妹が生まれて間もなく母親が亡くなり、私は仕方なく叔父の家でおじいさん、おばあさんに育てられました。そして、妹は一番大きな姉さんのところにもらわれていきました。そんな貧しい家庭であって、私も病弱でありました。今でいえば、いじめられっ子です。出っ歯だったので、仇名を「きねずみ」と言われたんです。

学校を卒業する時に、私は軍需工場の日立製作所に行くことになっていたんです。採用してくれて衣類を送ってくれました。ところが、無理矢理学校に、校長先生の前に、そして在郷軍人の泰阜村の会長さんもいました。「是非、義勇軍に行け」と言われました。私は、「だめですよ、どうしても駄目だ」と反対しました。在郷軍人の会長さんは、「宮沢家は国賊だ」と脅してきました。私は、私一人ならいい。殺されてもいい、だけど、家族みんなを道連れにすることはできない、と仕方なく満洲に行くことに決めたんです。軍刀までぬいて脅かしをかけたんです。私は、満洲に行かざるを得なかったんです。

その年は昭和一八年（一九四三年）、一七年（一九四二年）暮れから満洲行きの募集がきたんです。私は、早生まれなので、兵隊に行くことはなくすみました。

ソ連参戦で子捨て暴行の逃避

八月八日か九日だったと思うんだけど、朝、私たちのおった部落の前の飛行場、軍隊の飛行場があって、そこへソ連の飛行機が舞ってきました。真っ暗いうちからへんな音がするなあ、と思ったんですよ。もう一機が後を追ってきたんですよ。追ってくるどころじゃない、うんと遅れてきたんですよ。ソ連の飛行機が前からぱあっと飛び出して、酔ったような格好をして逃げてっちゃうんですよ。

そして、日本は、ウラジオストークを占領しましたよ、という嘘のニュースが入りました。その翌日、同級生がお昼に召集されました。私は、残っているうちで一番年上なので、朝鮮人の人たちの部落が前にあって、そこへ人を集めてこいと、命令されて馬に乗って行ってきたんです。銃をかついで馬に乗って行ってきました。ひとりいました。確かにいました。あとの人は、他の部落へ行っていたので、帰ってきたら牡丹江へ行け、ということにして帰ってきました。

その日の午後から集合ということで、各部落から集合することになりました。一一区、一〇区が九区に集合しました。二日ばかりして避難が始まったんです。それはどの開拓団も同じような状況だと思います。荷物を捨てたり、年とった人は自殺したり、自殺できんもんは殺してもらったり、病弱の人も殺したりして、子どもはいよいよとなりゃ捨てよ、殺せ、川に捨てる人、道端においてくる人、そして山の中でお産する人と様々でした。

帰国していろいろ話を聞いてみると、あっちで自殺、こっちで自決というのが、当時の状況でした。女、子ども、年寄りを引き連れて馬車に乗る、馬車は駄目だで歩いて引き揚げにゃならん、どうしようもなくて子どもを道端においてきたよ、中国の人が川で洗濯をしていて、流れてきた子どもを拾ってくれるんです。中国の人が助けてくれる、子どもを拾って助けてくれる。私は銃を向けるのも嫌になりました。

笑うかもしれないが、中には水溜り、ぼうふらが湧いていても、ちょこちょこっと歩いていって喉がかわいていて水を飲んだんです。後ろから押されて、こればっかの水がたまっとる所で死んどる人も大勢いるんです。そんな中を、撃たれてぬって歩いてくるのは到底のことではない。

青年学校で一番大きかった私は、銃を持って荷物を背負うか、食料を背負うか、列の後からになると、後ろから追ってくるのもしょうがないから脅しをかけてでも、日本の人は避難させなけ

雪の日本人公墓（右）左は麻山地区公墓

ればならない。

真中におれば銃を撃ったりして脅しをかけて逃げにゃならん。それでも日本人は一日も早く逃げてほしい、それしかなかったんです。

四つの開拓団は、黒龍江省方正県、そこにたどりついて捕虜になったんです。

捕虜になる前にみなさん笑うかもしらんけど、私の従兄弟が、子どもがしようがない歩けんし、おんぶしてやろう、と。考えてください、誰が子どもをおんぶして戦争するか。こんな惨めなことはあるかと、皆さんの前で訴えたいです。そうやってでも無理にでも命を助けたい、これが開拓団の精神だと心から思っています。

暖土のうちに墓穴を掘って

収容所に着いて武装解除されて、みんなもやれやれと思ったけど、捕虜になって兵隊に連れられていっても同じように惨めになり、中には慰安婦のように毎日抱かれた人がいくらでもいるんです。

中には睨まれて、自分の奥さんがソ連の兵隊に追いかけられてもんぺを裂かれて旦那さんが追っていけば、目の前で撃ち殺す。

食料といえば、一週間に二回ばかり。あれだけの人数を、米であったり粟であったり、いろいろくれました。一週間に二回使役があって、かますいっぱい二人で分けて背負ってきてみんなにわけました。そのうち、ソ連の兵隊が、ますいっぱい籾や大豆をくれました。仕事の賃金として。

日が経つにつれ、仕方がないし一回か二回やりました。毎日のように、幅が二メートルあったかな、長さ七〜八メートル、深さは一メートルばかりの穴を掘るんです。「何のために穴をほるんですか。」と、わからんもんで聞くと、

「皆さんに言うけれど、これは冬になって寒くなったら穴も掘れんし、亡くなった人を連れてきてここにおくしかないんだよ」

そうかよ、と、思いました。

そして、亡くなった人の上から下まで着るもの剥いで、こちらも栄養失調なのでそこへ出るのがやっとです。三人か四人がかりで吊ってきて、ころんと入れるのが関の山です。線香もありゃあせん。しょうがないなあ、線香の代わりにどうやったらいい？　むしろをといて火をつけて、

燃えよ燃えよ、と言って、けむりがちょっとでました。

夕方「水くれよ」と言うので、この寒い中かなわんなあ、と、思っても水を汲んできてみんなに分けてやりました。釣り井戸なので、飯ごうか鉄兜を持ってってポーンと放りこんで水を汲みました。その人は、水を飲んで喜んで煙草すったりして、次の朝、「起きなさいよ」と呼ぶと、ウーともスーとも言わない。それでおしまいです。そんなようなやからで、みんな亡くなりました。私は年も若く生きてきましたけれど。

ある日、下の部落におからがあるというので買ってくることになりました。「こんなに安く買ってくるのか」と言われ、二、三日すると、また行ってきてくれ、といわれました。

「また来たのか、かわいそうだな、俺の家の屋根に大根の葉っぱの乾いたのがあるけど、おからだけよりいいで大根の葉っぱやるで」

と、おからもよけいくれて、塩もくれました。中国の人はこれまでしてくれると涙がこぼれました。

武運長久の願いとさようなら

子どもはたくさん貰い手があった。日本人はいきたがらなかったけれど、仕方なくあっちへちらぱら、こっちへちらぱら、今の残留孤児もそうだし、ほとんどの人が、あっちの部落、こっちの部落、と行ってしまったから、どこにだれがいるのか全然わからない。兄弟が捜しても三ヵ月か四ヵ月経っても捜せる人と捜せない人があった。私も日本人だから、どうにかして日本に手紙をださにゃしょうがない、と思って、中国の家に入って四ヵ月ばかりたった時、中国人の家の人に暇を貰って区の政府にいった。

「日本は広島・長崎は原爆でやられ、今帰っても混乱しとるばかりだ。時期があるので待ってください」と、いわれた。

「日本に手紙を出せるか」と、聞くと、「簡単なものなら出せます。日本に手紙を出すにはちょっと時間がかかるよ。大体半年みとけばいい、そうすりゃ返事がくる。手紙の内容はこっちから言うで、それ以上のこと、書いちゃいかんよ」と。「どうして?」て聞いたら、「今、日本は戦争負けたんだし、無駄なこと書いたってだめなんだし」と、言うだけ。あんまりなこと書いちゃいかん、ということは、中国政府のやっていることをあんまり書くな、と。ただ自分がどうやって生きているとか、ある程度のことはいいけれど、それ以上書いちゃいかん、ということだった。

私は手紙出した時に、最後に「さようなら」は書きません。俺たちは、まだ戦争しとるんだと、〝武運長久〟という字を書いて送った。兄貴に何回も、〝武運長久〟と書いちゃいかん、と、叱られた。向こうにおる人はまだ戦争をやっておるんだよ、という気持ちで書いた。だんだんと月日が経って、何通か手紙を出した時に、これで日本へ集団で帰れるようになったんだ、やれやれ、と思って、それから「さようなら」という字を書きました。

信用されて合作社の役付きに

一〇年くらい経ったか経たないか、互助組というのができて、どうしても私に組長をやれ、という。「俺のような日本人に組長をやれ、というのはおかしいじゃないか」と。「頭のいい字も書ける人がおるんだに。何で私にやれっちゅうんな」。でも、みんなに、やれやれ、と言われて仕方なく引き受けました。

翌年一九五五年、初級合作社というのができて、その時も組長をやらされて、相手になったら「これだけの人は組長だけじゃもったいない、これからは食料の分配をしてもらわにゃしょうがないで」と、初級合作社の社長、今でいえば人民公社の書記長さんに言われました。「こんなの日本人にやらせていいんですか」「いいじゃないか、信用しとるもんでやらせるんだに」と。選挙で無理やり名前が多くなり、仕方なく受けてやりました。他の役も受けてやりました。それで、自然と向こうの字を覚えたんです。言葉もそうですし、自然と覚えた中国語なので得でした。大体言葉と字は通用するようになりました。

互助組、初級合作社から高級合作社に合併することになって、組長は解除されて保管係の一本やりで、その時生産小隊が一一個あったんです。なんだかんだでやらされて、一番最初に帳面合わせて、「この人なら大丈夫、よくやってくれた」って言って、高級合作社の社長さんから気持ちだけでも保管係へ褒美があった。一〇年ばかりいろいろな役をやっていました。

仕事さがしと人に助けられて

帰ってくる三年ばかり前に、日本から入国の手続きをとって、本家が書類を送ってくれたんです。それでその書類を公安局に提出しても、なかなか許可してくれないんです。私もあきれ返って、こっなものは間に合わない。よしきた、ということで中国の紅十字会の方へ手紙をだしました。四月に出したのが八月末の返事です。返事がついた。よしきたと公安局にとんで「これを見よ、どうして私たちを帰させんのよ」と。それで、やっと帰ることができて、それも一年以上かかりました。

手続きは今より難しい。向こうの出発が一九六五年四月三日。当時国交回復してないから、私たちは方正県からハルビンに向かって、そこからバスで北京に着いて広州にでて、広州でまた手続きをして、それから香港に着いたんです。香港を出発したのが五月三日です。船に乗って五月六日に神戸に着いたんです。それから、神戸に泊まり、せっかく帰ってきたんだで、と本家のあにさんが大阪見物をしようと勧めてくれ、村の迎えに来てくれた人と相談して県の厚生課の人と話をして大阪見物をして八日に着いたわけです。

私と一緒に手続きをした人は、木曾の人ですね。里帰りをしたい、ということで手続きをしたんだけど手紙を一緒に書いたんです。返信も一緒にきたわけです。だけど、やっぱし当時だもんで里帰りは難しかった。

私は無事日本に着いたけど、着いてみれば親族関係、言葉、習慣、食べるもの、そういうものが私どもは日本人であっても、二〇年間の生活の隔たりというものは、なかなか大変です。だが私は、日本へ帰ってきたんだ、と、女房に言い聞かせて我慢せざるを得ないと。そして泰阜村に居着いた。

女房と子ども三人を抱えておって、仕事はないし、農家も中国の農家と違うし、家も建てんならん、本家も手伝いも当時だもんで仕事もない。使ってくれん。必死。仕事が始まったのは一〇月過ぎかな。

それからこの人にお礼を言いたくても見つからんので、申し訳ないと思っています。その人は荷物を私の所へ送ってくれ、古い衣類だったけど着れなければ捨ててください、と。その中にもち米を入れてくれたり、着れる物を着てください、というだけで、住所は私の方の住所だけで差出人の住所は書いてないんです。涙が出て感謝しています。

そういうわけで生きてきて、今現在、まああになっている。自分の生活は落ち着き、まだ向こうにおる人たちには私以上に苦労をかけて悲しい。帰ってきた人はひとりでも、たとえどんなことでも一言でも良かったなあ、という気持ちを持ってほしい、そのために帰ってきて幾年か経った時に、一生懸命日本語を教えたり、面倒みたりしました。

その後、お陰様で田中角栄さんが日中国交をしたときに、この時は土方やめて会社に勤めとったんだけどね、その日はちょうど午後の出勤の番だったもんで、午前中はそのニュースにかじりついて見みとるだけ。こんないいことはない。嬉しかった。これで苦労してもよかったなあ、という気持ちが沸いてきました。

その後、私も長野県の飯伊の日中友好協会（現在は飯田日中友好協会）に参加し、結局入った人は泰阜村でたった二人です。あれだけ団員を送り出しといてこれしか入らない。中国におっても一一年経った今日、やっぱしあの時帰ってきた人は、こういう細かいことを知らないんだなあ、つくづく思っています。今でも思っています。

中国の教育受けた子供たち

高島金太郎君たちも帰ってきた。家の女房たちの同級生です。その子どもが学校に行っておってもどうしようもなくて、ある人が「おい、宮沢君、南の小学校に入った高島君の子どもたちはどんなふうだ、見てやってくれよ」「そうかなあ、いいよ仕事終わってからなら」と第一回目、仕事が終わって学校に見にいった。

学校の先生と話をして「子どもは中国語でしゃべるのでわかるでいいけれど、私はしゃべれない。私も疲れてきた。これだけの子どもを預かっといて、こっち教える、こっちは手をぬく。こっちゃるとこっちは手をぬく。にっちもさっちもいかんのだ」と。「そりゃあ無理はない、ごもっともだ。まあ、幾日か俺が手かけてみてやるだけはやって、また、考えにゃあしょうねえに」と、先生と話をして、その晩高島君の家に行って泊まったんです。その時に、その子どもが書いた字は何と書いてあるか。やっぱし中国の教育だなあ。その子どもは日本に来て日本の勉強しとるんじゃないんです。「なんで？」って聞いたら、「私たちは、日本語はすぐ覚えるんじゃあないし、中国語を忘れちゃあ悲しいで、学んだ中国語を書くんだ」と。「何を言っとるんだ。お前の言うことはもっともだ」。おこっちゃだめだから、ごもっともだよ、と。「学校へ行ったら、先生たちは困っとるよ。お前ひとりを教えるんならいいけれど、先生は大勢教えるんだ」。こう細かく話して理解してもらったんです。

そして、「ノートをもってこいやれ」と、ノートを持ってこさせると「毛沢東万歳、中国共産党万歳」というようなことを書いてあるだけ。あとは書いてないんです。親戚の人たちにそう言ったんです。

「この子たちは学校に行って、日本語を習わないで何習っとるんだ。言葉は知らんでも字は知っとるんだで、どうにかしてやれ」。そんなことまで親戚の衆に教えるんです。

特殊学級の誕生に努力を

これじゃいかんし、ということをもうひとつ。特殊学級を設立してほしい、と串原さんにお願いしました。鈴木さんという木曾の人は、帰ってきて中国に帰るお金に困って串原さんにお願いしました。片道ならどうにかなるけれども、往復はそうはいかんぞ、とさんざ言われた。納得できんかった。長野県が一番開拓団が多いんだ、二度・三度の往復の費用をどうにかしてくれ、と足を運びました。何回足を運んでもだめなので、最後に私は「長野県は、三万余人の開拓団と五千人の義勇軍という大所帯を送っとるんじゃないか！」と、奥さんと先生の前で声を張り上げて泣いたです。どうして、これだけお願いしてもできないのか、と。

「ようし、宮沢君、これまで言われて、俺も何にもいえん。今度の議会、みんなの前で今日細かく話したことを、どうしても通さにゃしょうがない」と、言われました。

ああ、これでどうにかなる。議会が終わって帰ってきた先生が家に電話をくれ、「宮沢君」「なんですか」「おい、お前の言ってきたことは、通ったぞ」。やっぱし、こういう人がおらにゃあだめだなあ。

それから、学校の問題の時もどうしようもないんだと、親泰皐南に帰ってくる子どもたちは、と。親が言葉を知っとりゃまだいいよ。言葉を知らん者が子どもの言葉をどうやって教えるんですか。これは、特殊学級というものをつくってもらわにゃならんと。

「よし、宮沢君のいうことわかったで。明日ちょうど長野に行かんならんで、よく相談してお願いしてくるでな」。それから半年ちょっと経って連絡があって「宮沢君、決まったで」「そうですか、ありがとうございました」。これで、わしも胸がすうっとするほど嬉しかったです。

そしてその子もはじめて「新しい先生がきてくれ、教えてくれるので嬉しいよう。おじさん先生になってくれんかなあ」ってにこにこっとして言うもんで、「おじさんはだめだよ、先生の資格がないんだからな。それだけは勘弁しろよ。わからん時は、また、遊びにくるでな、教えてやるからな」となだめて帰りました。その後、ここにおられる仲村先生も行って教えてくれたっていうこともあります。

残留邦人の苦労を思えば

それから、里帰りの人の生活費がぜんぜんなくて一苦労しましたよ。六ヵ月の間生活保護を出す、やるべきだとお願いしたんです。生活保護っていうには、お金がないところにでるんだと。ここにおる衆だって同じじゃないか、みとるじゃないか、と。帰ってきたんじゃないんだが、帰ってきて何で出ないんだ、と先生にお願いしたら、「無理はないことはないな。中にはいらんという人もあるぞ」という。だけど出してほしい、と。たとえいらないっていう人があっても、生活保護はもらわんで関係ない、ということではなくて、もらわにゃもらわんで結構だ。こっちは出してやっとるんだ、そのくらい県はやっとるんだと言えるんじゃないか。それだけ強く当時の県会議員の串原先生、飯伊日中友好協会の会長さんにせまったです。

私の所にいろいろ手紙がくるんです。中には手紙がきても調べてみると、保証人がいないので日本人としての手続きのしようがないのです。相談にきました。二、三回手紙を書いて、迎えるか、迎えんか、生きとるんなら迎えたい、そういうこともさんざんやってきました。戦時死亡を復活させて里帰りした人も大勢います。

そんなわけで、今もあっちこっちとんで歩いています。私のような者は、迷惑千万だったかもしれない。まだ中国には、おそらく残留者が今の何十倍おるんじゃないかと思います。まだ、こ

冬を控えた方正の農地

開拓団の旧居が年々少なくなっている

雪をゆっくり進む馬車

雪の方正市街地

れでも手遅れなんです。本当のこと言えば、私のような知らん者が一言言っても、あのバカヤローが何こきゃがる、ぐらいが関の山だと思います。恨まれたこともあります。だが、私のような者が言わざるをえない。今も国際結婚の問題もあるし、みなさん、本当にわかっているとおりです。

言葉、食べ物、習慣の違い

中国人と国際結婚した人も大勢おるけど、結婚するはいいけど、来たはいいけど、やっぱし寂しい。こっちに来ても言葉は通じんから何にもわからんのですわ。おまけに食べ物はちがう、日本の習慣とも違う、この三つがどんなことしても合わんのです。

その奥さんが家へ旦那さんと来た時、おまえさんたち、三つのことが違うと直接中国語で言うんです。

「俺はここに来ても、何にもしゃべれんし、困っとるだけで言われたことも何にもできん」。そんなことで、おまえさんの困ったことを代わる代わる腹いっぱい中国語でいいでしゃべれ、といいます。こういうことをやっとるんです。定休日にやっています。また来ると、

「どうだったい、この前話したときは？」

「うん、この前お宅へ来たら好いたことを言える。家じゃこんなこと、ひとっことも言えないよ。お宅へ来てはじめて腹ん中おさまったんだ。」「これもひとつの勉強なんだよ。」と教えていく。それから、だんだん困ったことを教えていく。そのうちにだんだんしゃべれてきて、今度は本を持ち出すんです。あいうえおを書いて、教え方があるんです。

おかしいけれど、本の通りにはいかんですよ。本の通りの教えてもいいけども読み方がわからんもんで、中途半端な読み方をいっくらでもするんです。

ここからここまで読めるな、違っても恥ずかしくないで読まもんだよ、と。そうして向こうの言葉で、ここからこういう言葉ですよと教えるんです。あっ、そうか、それでか、と初めてわかるんです。

今度はわかったな、と、次また二〜三回やっといて他のことをやって、またもどってやる。あ

あ、覚えたな、今度はこうだ、よかったじゃないか、これでふたいろ覚えたな、みいろ覚えたなって、旦那さんと二人でお茶を飲んで話して帰っていくんです。また明後日来るか、次も来るかというと、来る来る、と喜んできます。

拾った招き猫の貢献

それと新聞にも出た「招き猫」あれはもう一〇年ばかり前になるか。出砂原の駅前に焼肉センターがあったんですよ。その古屋の家をつぶしちゃったもんで、その招き猫は冷蔵庫の上においって、もうつぶされるばっか。掘り出して持ち出してきたんです。終戦の時のように、かっぱらって持っていったと思われると嫌だったんです。

その時ははっきり言うと、私は放り出されて行くとこもなくて食堂に入ってお湯を一杯飲んで、やっと精がついてくる。饅頭五つばかり食って一円札しかないもんで、それしかくわなんだ。もう夜遅くなって、追い出されて死なんならんと覚悟をきめていました。招き猫もつぶれりゃ死ぬと同じことなんです。

そこに、王さんという人が来て助けてくれた。王さんには感謝しています。ご主人もとっくに亡くなったって言われたけどね。

招き猫もただ置いてもしょうがない、何かせにゃ、ということでちょっと思いついてね。こりゃいかんわ、ということで、耳んとこと手のとこに鉢巻を作った。これ、俺ひとりじゃいかんでなあ、誰か保証人になってもらわにゃいかんし、こういうものをやるにゃあどうしてもっていうことで、どこへ送って持っていってもらわにゃいかん。俺も行けん時は、持っていってもらわにゃいかん時もあるし、保証人をつけにゃいかん、ということで、当時、今も副会長さんで県議会議員の森田つねお先生にお願いしました。森田先生に書いてもらったんです。

「日中君・友好ちゃん」という字を書いてもらった。その間をとると、日中友好ともなるし、君とちゃんというふうにすると、男と女という意味にもなるし、ということでつけた。裏には飯田日中友好協会副会長森田つねおという名前が書いてある。

それだけではまだ本当の目的というものがないな、ということで、ついでに前かけをつくったんです。その前かけは、「中国方正県日本人公墓管理費に送るカンパ金・飯伊日中友好協会」ということでつけたんです。

日本人公墓管理費を招き猫が

方正県にはたったひとつ、中国にはひとつしかない日本人のお墓です。このお墓は、当時の周恩来先生の許可で作っています。作った年は、平岡ダム中国殉難の年で同じ年です。それを今現在、中国の人が毎日管理してお掃除しとってくれるんです。本当のことを言えば、開拓団はあっちでもこっちでも亡くなっているけど、あんまり広げてもいかんし、ということで方正だけつくったんです。死んだ人の人数でいえば、ハルビンと方正とほとんど同じくらいの人数です。どうして

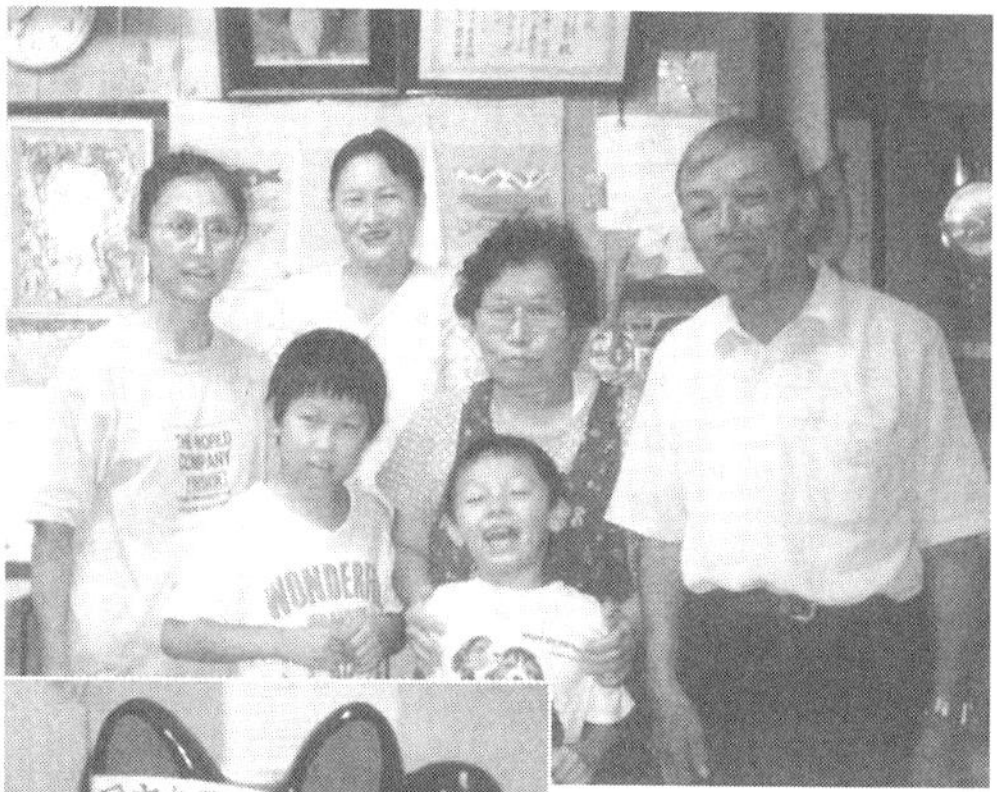

【上】孫や娘さんたちと宮沢さん（右）。その左が宮沢夫人。
【左】拾ってきた「招き猫」の友好ちゃん。お客さんは微笑みながらカンパをしていくという。

ハルビンに建たん、ということは、ハルビンの市長さんが私にいいました。「ハルビンには当時、旧満洲国の時、一番悪いものがおった」。皆さんもご承知だと思うけど、７３１部隊、あんなものがおって人をさんざ苦しめ殺したりして、それどこじゃない。中国全土で一番悪いものだ。どうして日本人のお墓建てるか！　建てれんでしょう。中国の人が教え

てくれました。二〇年おったたって俺が帰ってくる以前に建った日本人のお墓だから、これはいいんだよ、と教えてくれました。そういうわけでハルビンにないんです。義勇軍ではなくて開拓団のお墓だから、各地方に建てれんでいいんだよ、と。それを方正に建ててわざわざ管理しとってくれる。どうやって慰めにゃいかんか。仮にだよ、私たちの祖先のお墓があって、年に一回か二回お掃除に行くでしょ。それを本当のことをいえば、日本人が掃除行かにゃならん、と私は思っているんです。

それを何もできずに、私たちはすることもできず、どうしようもないじゃないか。そういうことで俺はいいんだと、気休めでもいいんだと、人が笑おうがいいじゃないか。出前に行った時に煙草吸ってくれ、ガソリン代にしてくれ、といったお金を一〇円でもいくらでもいい、招き猫にちょこっと入れたです。

第一回に送った時に、七年前に三万円おくりました。

記念碑に刻まれた宮沢一三

第二回目は、それから四年か六年経ったかな、一昨年の五月、天龍村の碑の三十周年の時に理事長と事務局長が、どうしても持っていってみんなにお願いして「おめえひとりじゃえらいで、みんなにカンパしてもらいまいか」と、言われて、俺もひとりでそんなことできんじゃないか、と言いながら、森田さんと相談して「ああいいで、俺持っていってやるで」と、一緒に持っていってもらってみんなにカンパしていただきました。そうやって、その時にあげたお金が約四万何千かありましたね。カンパしてくれたのが、四万円ちょっとのようで、合計八万八、〇〇〇円ありました。

続いて一月に中国から農業視察団が来て、高森の野上さんの酪農、牛を飼っているところに案内しました。翌日は、かじかの湯に行き、中国の人も福祉の関係を考えたらどうだ、といいました。これはいい所だ、と、日本ちゅうものは。こういう真似をするんではなくて、金がないからだんだん観光せにゃいかんなあ、こういうことも覚えてくんな。その後、天龍村に行ってちょっとお墓参りして「やい、ここかよ。こんなとこも見してもらう、良かった」と言って喜んで、それから泰阜へちょっと顔を出して、餃子を食べてバスに乗って帰った。その時の八万円かな、持っていってもらいました。

それから、串原さんが団長で、どうしても行くよって、引きずりまわされるようなかっこうで行ってきたんです。ハルビンから方正、大連、北京へ行きました。ハルビンへ行って一晩泊まって、観光見物させてくれました。それから方正へ行ったんですよね。去年、大水が出て道が悪いもんで、ハルビンから方正まで六時間かかりました。着いてお墓参りをすまして、帰ってきました。私としては、その時、六万三、〇〇〇円か持って行きました。

その時に私に県長さんが言うことに、どうしても九月行われる除幕式に私に来てくれ、といわれたんです。いやいやこれは旅費がかかるで、とてもじゃないぞ、そんなこと言わんで是非、と言われたけれども、ちょっと首をかしげて帰ってきました。

県長さんは「和平友好の碑に名前いれるんだよ、お前さんの名前いれんで何いっとるんだ」「そんなこと言って、困るよ」「お前さんの名前いれにゃ入れる人は、ないじゃないか」「他に大勢いくらでもおるんじゃないか、その衆入れといてくれよ」と、言って逃げてきたけれども。

そんなように、中国の人は日本人に対してどう思っているか、ひとつも敵対行為があるんではありません。はっきり言えば、同じ人間だから、だけど、過去のことはきちんとけじめをつけてくださいな、と、これだけは言われました。このくらいで、私も涙を流しながら帰ってきた。一生懸命言われて、締め切りすぎて申し込みました。それで、私も九月に行くことになりました。その時も、こんな碑ができた、という写真撮ってきました。

今度のようなこういう機会があったら、日本人のお墓と、そして、建てたその碑を大きな写真にして飾ってもらいたいと、そう思っています。

水稲王　藤原長作物語

中国の大地に根づいた日中友好の絆

大類善啓

■…東北の貧困農家に生まれ、苦心の末「米作り」で日本一に。減反政策で苦しむが中国に活路を見出し、黒龍江省で米作りの指導、やがて「水稲王」という称号で呼ばれ、黒龍江省を米作中国一に仕上げた男の物語である。

はじめに

戦後の日中交流史の中で、多くの人々がさまざまな友好の架け橋を果たしてきたが、本編の主人公である藤原長作も文字通り、無私の精神と献身的なバイタリティーをもって、中国の大地に根づき、友好の種を蒔いた人と言えるだろう。

一九七〇年（昭和四五年）から始まった日本の減反政策は、米作りに命を懸けていた藤原長作

晩年の藤原長作氏

にとって我慢のならないものだった。米を作ること自体が生き甲斐であり、豊かな生のあかしでもあった藤原長作の人生。ところが日本政府は農民に米を作るなという。それは、「米作り日本一」という誇りも名誉も、藤原長作にとってなんの支えにもならず、生き甲斐を奪うなにものでもないことを意味していた。

米を作ることを奪われた悔しさ虚しさを、藤原長作は数年間抱え込んだ。その数年間を経て藤原は中国と出会った。

中国の大地で、かつての失われた時間を取り戻すかのように始まった米作りの指導は、藤原自身の生き甲斐であり、豊饒なる人生の再出発であった。それはまた中国の農業にとっても新たな大いなる出発でもあった。

日中交流の先達であった岡崎嘉平太をして、「中国に対する賠償に代わる大事業を成した」、と言わしめた藤原長作の中国での米作りの指導は、日中交流の戦後の歴史の中でも突出した功績といえるだろう。

藤原長作は中国政府から何度も表彰されたが、それ以上に我々にとって大きな意味は、藤原式水稲法を信じ実践し、それを通して大地に根を張った中国の農民と日本の農民との熱い出会いである。

ここでは、藤原長作の中国との出会い、そして、中国で行った交流の歴史とその成果を素描してみよう。

一九一二年、岩手県沢内村

藤原長作は、岩手県和賀郡沢内村の若畑という所で生まれた。一九一二年（大正元年）一二月一三日のことである。明治という年号の最後の年でもあったその年は、東京市電の大ストライキで明けた。当時の日本は、日露戦争以来の公債の負担と軍事費の増加による財政難に悩み、慢性的な不況に陥っていた。苦しい生活を打開しようと大都会の民衆は、弾圧にもめげず各所でストライキを起こしていた。

お隣りの中国では、前年一〇月に革命派が武昌で挙兵に成功、各地に革命の火の手が広がった。翌一九一二年には、清朝三百年の歴史に終止符を打つ辛亥革命が起こり、中華民国が生まれていた。

孫文と交流があった実業家の梅屋庄吉や、頭山満、宮崎滔天、犬養毅らの壮士や政治家たちは革命派を支援、一方、政府は帝政ロシアと組んで満洲に利権を確保しようとしていた。そういう歴史の大きな動きと無縁のような大雪が積もる沢内村で、長作は父・藤原藤吉、母・ナチの次男として呱呱《ここ》の声をあげた。

沢内村は、東北地方を貫く奥羽山脈をいただき、日本でも際立った豪雪地帯として岩手県中部の西の方に位置している。冬の間は常に二メートルほど、多い時は三メートルにもなる積雪である。長作が生まれた若畑地区は、当時戸数十戸ほどの小さな集落である。そこには耕すべき畑も田もほとんどなく、長作の父、藤吉が日銭を稼ぐには、荷物運びの仕事しかなかった。

風が吹こうが雨が降ろうが、藤吉はその険しい山道を毎日休むことなく、小さい商店や地主に頼まれた荷物を隣村まで運ぶのである。

当時、山村の男たちが働く道は限られていた。地主の作男として働くか、山持ちの地主に仕えて炭焼きをする焼き子になるか、そうでなければ、村を出て働き口を見つけるしかない。藤吉は小学校を出ると、すぐに大地主の家で作男として働いた。

極貧の家庭だった。二男として生まれた長作は、いつもひもじい思いをしていた。食事はカテ飯と呼ばれた。カテ（糅）とは、米などの主食を炊く時、不足を補うために他のものをつけ加え、その加えたものだ。カテ飯は、稗に芋や大根をたくさん入れたものである。たまに稗の中に米粒が見えるくらいのカテ飯だが、それでも、たいへんうまいと思った。米が主であれば、カテは稗、粟、馬鈴薯、大根（葉、干葉）などになる。麦や大豆入りの飯などは、カテ飯どころかご馳走だった。

当時の沢内村では、大きな百姓も水呑み百姓もカテ飯が常食だった。貧しい人々が、米を口にできるのは、正月とお盆の時以外にはほとんどなかった。

そういう食糧事情だったから、米を主体にしたカテ飯が食べられるのは、上層の人たちだけである。そんな環境にあったから、長作は米の飯をなんとしても食べたかった。

小学校の高等科を終えた長作だが、村での仕事といえば、地主のダンナの作男をするしかない。作男を何年しても自分の畑が持てるわけではない。父を見ていると、長作はそんな道を選ぶ気にはとうていなれないのだった。

初めての仕事　仙台

なんとか別の仕事を探そうと思っていた長作は、ある日たまたま目にした新聞の求人広告に仙台の洋服店を見つけた。住み込み店員の募集である。

さっそく手紙を書くと採用の通知がきた。長作は七時間雪道を歩き汽車に乗り仙台の店に着いた。沢内村から来た長作にとって、仙台は大都会である。人力車に自動車、広い大通りを走る路面電車に長作は驚いた。電気がまだ来ていなかった沢内村の長作には、仙台での体験はカルチャーショックともいうべきものだった。

洋服店員として長作のやる気は十分にある。ところが、沢内弁がまるで通じない。とくに「電話がかかってくると泣きたくなった」と後年述懐するほどだった。だんだん、商売も自分に向いているとも思えなくなった。長作は、洋服屋としては自分の未来がないことを感じた。一年後、給金六〇円をもらって沢内村に帰ってきた。

しかし、仙台での一年はいろんな刺激を長作に与えた。もう村から出ることもないと思うと、長作は妹のサコに都会を見せてやりたかった。そして、当時小学校の六年生だった四歳下の妹を連れて盛岡見物をした。サコにとって生涯忘れられないことだった。盛岡では初めて汽車を見た。公園に行って猿も見た。猿には特別な思いがあった。沢内村の人々は近県の人たちから、戦前は「西の山ざる」といつもからかわれていたからだ。

仙台から帰り、長作は地主の稗田や畑を耕す作男を三年間つとめた。食べることはできたが、給料はもらえない。

そういう中でも、長作は本は読むのが好きで、二宮尊徳や秋田県の農民・石川理紀之助の伝記などを読んだ。石川理紀之助は、今尊徳と呼ばれて一生を終えたが、明治の農村指導者として知られていた。

ブラジルへの夢　結婚

勤勉な長作は稗田を耕す一方、馬の世話もし、人の倍働き、人の倍稼ぐようになった。

時代は昭和、世界には恐慌の嵐が吹き荒れていた。東北の農村では娘たちの身売りが日常的に進んでいた。そんな現実を見て、長作は南米移民の夢を漠然と思っていた。金を貯めてブラジルに行こう、それが長作の新たな夢になった。

当時、閉塞状況にある日本の農村から、ブラジルという新天地を目指そうとする人々が、少なからずいた。ちなみに、石川達三の南米移民体験を基に書いた小説『蒼氓』が、第一回芥川賞を受賞したのは一九三五年（昭和一〇年）である。

ブラジル移民の資金作りのため、山の炭焼き小屋に住み込み、骨身を削って働いた。三年たった時、五百数十円が長作の手元にあった。ところが、地主が七反歩の稗田を長作の父親に買ってくれと頼みこみ、父は長作に無断で事を運んだ。その結果、長作の知らないうちに名前を登記されてしまった。

それを知った時、ブラジルへ行こうという思いなど、もう言い出せなかった。

ところが、土地持ちだというので信用がついてきた。その頃、嫁の話が舞い込んだ。同級生の妹ミエなら嫁にしてもいいと思った。働き者で器量よし。何より百姓仕事もできる。仲立ちする人がいた。ミエも長作の嫁になることに依存はなかった。変わり者の長作と働き者のミエとの新婚生活は、炭焼小屋で始まった。

日中戦争から太平洋戦争へ

時代は新しい局面を迎えていた。日中戦争が始まったのだ。盧溝橋に響いた一発の銃声が歴史を大きく展開させた。一九三七年（昭和一二年）七月七日の深夜である。

前年には東京で、陸軍の青年将校らが反乱を起していた。二・二六事件である。政党政治を否定し、天皇親政の独裁政治を目指した北一輝の思想的影響があったとはいえ、反乱に参加した若い軍人たちの故郷は、東北の貧しい家庭の出身だった。彼らの故郷では妹たちが身売りされていた。

その頃、新しい命がミエに宿った。女の子だ。しかし、産後の肥立ちが悪く、ミエは憔悴していった。そして、あれよあれよいう間に、ミエは生後六か月の幼子を残して死んでしまった。肺炎だった。まだ電気もなく、ランプ暮らし。生活も苦しく医者にもかかれず、暗い納屋での死だった。

後添えにウメノという働き者が長作に嫁いできた。長作は猛然と働きだした。

一九四一年（昭和一六年）、太平洋戦争が始まった。沢内村から若者の姿がめっきり減った。長作にも案じていた召集令状がきた。入隊した部隊は、輜重隊の自動車隊だった。ガソリンが欠乏した時だったから、炭焼き経験のある長作は、木炭作りで功績を認められた。当初の戦勝の高揚した気分は、次第に終息に向かいつつあった。長作は、南方戦線にも行かずに済んだ。戦争は日本の敗北に終わった。

敗戦　新しい出発

新しい時代の到来である。

マッカーサーを最高司令官とする連合国軍総司令部（ＧＨＱ）は、矢継ぎばやに改革を推し進めた。中でも農地改革は、今までの日本の農村を根底から変革した。地主に隷属していた小作農は解放され、各地の青年たちが新しい改革の火の手を上げた。沢内村にも、沢内村更生連盟、青年同志会という組織が生まれ、多様な社会講座が開催された。

その中に長作を引きつけた農業関係の講座があった。講座の話は、温床苗代《おんしょうなわしろ》という方法である。温床苗代は、二坪の苗代の後部の横を木で囲い、その上にレーヨン紙の障子を四枚かぶせて温床化するものだった。この方法の重要な鍵は、温度調節にあると指導者は力説した。要は、健康な苗、健苗を育てることだという。そうすれば今までの二倍の収穫量があるだろうというのだ。

大いに刺激を受けた長作は、真面目に働くだけではなく、研究や勉強が大切なのだと思うようになった。岩手大学農学部にも通い、米作りの技術も理論も学んだ。その時、長作には先妻と後妻の子供が五人いた。炭焼きも続けていたが、食うための米作り。必死の挑戦だった。

新しい方法で米作りしようとウメノに話すが、ウメノはもし失敗したらどうするのだと反対した。ウメノの気持ちもわからないではないが、昔の方法を踏襲するだけなら何も進歩がないではないか。改良しなければいつまでたっても今のままだ。米が倍とれれば、子供たちに米の飯を腹一杯食わせられる。長作も頑固者だ。自分がこうだと思ったその方法でやってみなければと思う。決意は堅かった。だが成果は納得するところまでにはいかない。

それでも健苗を育て、従前より一か月早い五月初旬に田植えする、という方法で徐々に一定の成果を生み出していった。米作りする一方、豚も飼い、炭焼きもした長作だったが、ある日、新聞に畑苗代と水苗代との油紙を使った保温折衷苗代の技術を確立したという記事を見つけた。簡易温床苗代よりいいと直感した長作は、さっそく油紙を手に入れて実践、一九五五年（昭和三〇年）には、高冷地の田圃で一〇アール当たり一〇俵以上の収穫という大成功を収めるのだった。藤原の成功は、村人たちに刺激を与え、早植えは急速に広がった。

米作り日本一

そのような経緯もあって、この年、米作日本一表彰岩手県競作会に参加することになった。最終審査に残った段階で、新聞記者が取材にきた。その時初めて、自分が東北地方の増産躍進賞の有力候補になっていることを知らされた。新聞に「隠れた米作りの名人」として長作が紹介された。結果は入賞である。東北一になったのだ。入賞を知らせてくれた普及員は、「東北一になったということは、中央表彰だから、日本一の米作りだ」と喜んだ。

長作の新しい試みに一度は反対したウメノだったが、それを押して懸命に勉強し、研究し、やっとここまできた長作の長い苦労を思うとウメノは嬉しく、涙が止めどなく流れるのだった。

「米作日本一」増産躍進賞の中央表彰式は、一九五六年（昭和三一年）二月、朝日新聞東京本社の講堂で開かれた。カメラマンのフラッシュを浴び、皇居では天皇からもお言葉をもらった。緊張の余り、天皇をまともに見ることができない長作だった。極貧の家庭から米作りに生きてきた長作にとって、このような栄誉に包まれた時期は今までになかったことだった。長作四三歳の時である。

結核で八年間療養していたミエの忘れ形見、長女の祐子が退院し、病院で知り合った技術者と結婚。息子の等は、農業の研修のため海外青年派遣団の一員として一年間の予定でアメリカに留学。長作の人生はすべてが順調に進んでいた。

しかし、農民にとって、時代は決していい方向に進んではいなかった。古米持越しが増え続け、米余り現象といわれる時代になってきたのだ。朝日新聞社がこの年、当初の目的を達したとして、「米作日本一」のコンクールを取り止めた。

悩める長作

米の生産調整も始まった。政府は農民たちに、稲から飼料作物や園芸作物へ転換しろという。一九七〇年（昭和四五年）には、減反政策が入ってきた。転作から休耕に、零細農家の中には、稲作をすべて止めてしまう人々も出てきた。

米作りに命をかけていた農民たちに、米を作るなというのだ。三十歳頃から酒を嗜むようになっていた長作の酒量はどっと増えた。減反はさらに続いた。

農業の機械化が進行していった。乾燥機、田植機、コンバインが入ってきた。機械を導入したために借金を抱える農民が増えてきた。

機械化はやむを得ない面もあったが、長作は田植機だけは決して認めなかった。冷害に負けない健苗育成にかけていた長作にとって、田植機用の苗は、か細い苗になる。それに密植である。この方法だと冷害には立ち向かえない。だんだん気がふさいでくる長作だった。

この頃からウメノが疲れやすく、ある日、胃の調子が悪いと病院に入院した。胃癌だった。手術して退院したが、もう手の施しようがない。

　ウメノは長作をおいて先立っていった。長作の酒量は益々増えた。休耕田が増え農業もダメ、養豚もうまくいかない。長作の胸の中には虚しい風が吹いていた。何か新しい仕事を始めなければと思いながら、米を作らないで何が百姓か、という思いもあった。

中国への目覚め

　そんなある日、村の最北端に住む開拓地区から五〇近い男が訪ねてきた。男は機械化した結果、二年続けて冷害で不作、改めて長作の方法で米作りをしたいというのである。

　長作は嬉しく、なんとかこの男を応援したいと思った。話も弾んだ。聞けば、満蒙開拓青少年義勇軍として満洲へ行く予定だったのが、敗戦で行かずに終わったというのだ。

「満洲さ行ってれば、今頃生きてたかどうか」という長作に、男は、

「家は貧乏で水呑み百姓、おらぁ、満洲で思いきり働いて米作って飯いっぱい食うのが夢でした」

と答えた。

「零下四〇度にもなる満洲じゃ、米作りは無理ださ」。ところが、その長作の言葉に男は、

「いや、満洲ではあの頃でも、少しですが米作りはしていたです」という。

「満洲でも米作りができるのか…」。

長作はその時初めて、零下四〇度の満洲でも僅かながら稲作ができることを知った。満洲では、高粱やトウモロコシしか取れないとずっと思いこんでいたからだ。

小さい時から地図を見るのが好きだった長作は、さっそく息子が使っていた地図を取り出して見た。沢内村は北緯四〇度。北京とほぼ同じだ。改めて中国を見た。広大な平野が広がっている。北海道で稲作ができるなら、かつての満洲で米が穫れるのは当然だ。

そんなある日、テレビのニュースで、中国へ稲作指導のため学者と技術者が渡ったと知った。驚いた長作はそれ以来、強烈に中国へ行ってみたいと思うようになった。息子にそんな思いを口にすると、「行ってくればいいじゃないか」という。息子の等にしてみれば、そんなに強い気持ちが長作にあるとは思っていない。

日中国交が回復してから、六年が経とうとしていた。それ以来、長作の中に中国で稲作をやってみたいという気持ちが強くなっていった。学者が指導に行くぐらいだから、現場でずっと米作りをやっていた長作にしてみれば、自分流の稲作が中国でできるのではないかと思ったのだ。

日本の農業政策は減反だという。これは、ほとんど農民に米を作るなと言っているのと同じである。中国でなんとか米作りをやってみたい。そんな思いが日増しに強くなっていった長作は、ある日仙台に行き、中国旅行に強い旅行社を訪ね、中国の農業視察の希望を話してみた。

念願の初訪中

一九七九年（昭和五四年）六月末、藤原長作は初めて中国の大地を踏んだ。長作、満六六歳と六か月の時である。中国で米作りをしたいと思ってから一年余りが経っていた。

長女の祐子と妹のヨシノが貯金から旅費の五〇万円を作ってくれた。日本では長作の米作りを生かす道はない。中国で米作りをしたいという長作の痛いような気持ちを、二人はずっと感じていたのだ。

以前、農業視察もある訪中団があるので参加してみないかという誘いを受けたが、農業機械や肥料の売り込みの視察団などは長作の方が断っていた。今度の訪中団は、秋田県の労働組合幹部の視察だったが、農業視察もあるという。旅先には東北地方は入っていないが、中国への思いが強かった長作はその誘いに乗った。

この時の訪中は、北京、上海、南京、山西省の石家荘、太原、そして当時『農業は大寨《ダイサイ》に学べ』といわれ、人民公社の模範とされていた大寨だった。大寨で初めて中国の水田を見た長作には、中国の稲作技術は、日本の二、三〇年前の水準に思われた。

しかし人口五百人の生産大隊が、自力更生をスローガンにして開拓を行い、水利灌漑を成功させ、生産を飛躍させ、人民公社の模範とされた事情を知った。訪れた太原の肥料工場を見学した時の労働者の働きぶりには感心し、感激する長作だった。

顔が日本人と変わらず、親近感もあった。その上、同じ農民ということで連帯感も芽生えた。通訳から、東北での稲作の実情を知ったのも収穫だった。自分は直接関係ないが、日本の中国人民に対する侵略戦争についても反省させられた。

この旅で長作は、自分の稲作技術は、やはり中国の東北でこそ活かせると確信した。

方正県への旅立ち

翌一九八〇年（昭和五五年）、遂に黒龍江省への農業視察の旅が実現することになった。中国・東北の人民公社へ行って、自分の稲作技術を活かせないものだろうか。とつとつと、しかし熱っぽく話す長作に、仙台の旅行社の所長・渡辺和喜は、なんとか実現できる道はないものかと考えた。そして、すぐに東京にいる金丸千尋に電話をした。

金丸は満洲で敗戦を迎え、その後中国人民解放軍に入った経歴の持ち主である。中国の東北には強い人脈も持っている。なにより行動力のある人だ。渡辺は金丸に長作の希望を伝えた。

金丸もその話を聞き、ぜひ東北へ行かせたいと思った。金丸はすぐ、知人の農業関係の専門家にアドバイスを求めた。すると、その人は、中国・東北はアルカリ土壌だから無理だという。金丸は知人との関係上、やむなくそれ以上の話は止め、同じ日中友好運動の仲間である日中友好協会の副会長である赤津益造に、ぜひ実現させたいと応援を頼んだ。

赤津益造は占領下、『人民日報』を配布しアメリカ占領軍に逮捕されたことがある日中友好運動の草分け的な存在である。

赤津は長作の熱情に打たれた。長作の稲作技術が、新しい日中友好の実りを作りだすかも知れないという気持ちもあって長作の参加を実現させた。赤津自身が団長だった。赤津の勧めもあって、長作は稲作体験を中国語に翻訳して吹き込んだテープを持参した。

この団には、農業視察とは別にもう一つ目的があった。黒龍江省方正県にある日本人公墓にお参りするという目的である。この日中友好黒龍江省農業視察訪中団は、方正県へ戦後初めて日本から訪問する視察団でもあった。

ハルビンから東へ一八〇キロにある方正県は、敗戦後の混乱期に多くの日本人が集結した場所である。飢餓と発疹チフス、そして酷寒のため、多くの日本人がここで命を落とし、敗戦から翌年にかけて死亡した日本人の白骨が累々として散らばっていた。その遺骨をとりまとめ、一九六三年、方正県人民政府は、「方正地区日本人公墓」を建立してくれた。日本と関係があるというだけで迫害された内戦のような文革時代でも、その墓は守り抜かれた。その地には、日本の敗戦後も残留した婦人たちが、日本人が訪れるのを首を長くして待っていた。

訪中団員は、ほとんど中国体験がある農民が主体だった。六月一五日北京に着いた一行は、二日間参観や表敬訪問に費やした。一八日にはハルビンに着く。団員の中にはハルビンの二日目に命の恩人に会う人もいた。敗戦の翌年、凍死寸前のところを養育してくれた恩人に二七年ぶりに会うのだ。緊張感がただよった。翌一九日の夕食会には、団員の肉親たち十数人が集まった会場には涙があふれ、長作ももらい泣きしてしまった。

翌日、ハルビンから方正県の中心まで、当時は五時間たっぷりかかった。緑の大平原がずっと続く。戦前のことを知っている団員たちは、かつての荒野が一面肥沃な畑に変わっていることに驚いた。三台のマイクロバスがやっと村の中心に着いた。二、〇〇〇人以上の出迎えである。その中に日本人も数百人かはいるという。涙、涙、涙の再会だった。長作もまた、涙なしにその光景を見ることはできなかった。

『自分にやらせてみなさい』

墓参を終えた翌日、近くの松江人民公社の生産大隊を訪問した。ここではトウモロコシが主食だった。水田や畑の土はよく肥えていたが、長作には水稲栽培の遅れが目についた。稲の栽培は直播きが多かった。直播きでは密植になり、冷害を受けやすい。水稲栽培については機械化はされていない実情を見て、長作は一段と自分の稲作技術が有効であると確信した。

当時、方正県の耕地面積は、総耕地約九万七、〇〇〇ムー（六、四六七ヘクタール。一五ムーが約一ヘクタール）。そのうち、水田は七、〇〇〇ムー。原野は五〇万ムーもあるからまだまだ耕地拡大の余地はある。

中国側との懇談が始まると、長作は中国の人々の熱心さに驚いた。民族や国の相違より、同じ農民という共通の意識を長作は強く感じるのだった。

赤津益造が長作を「米作り日本一」であると紹介した。すると、中国側は大いに関心を示した。長作は自分の番になると、かつて自分が育った沢内村は貧しく、米を食べたい気持ちが強かった貧しい百姓の話をした。低温に弱く、イモチにかかりやすく収穫量が少ないという方正県の農民たちの言葉に、長作は冷害に負けない稲をつくる自信を熱っぽく語った。中国の農民の熱心で勤勉な力があれば冷害など克服できる、収穫量も今の二倍は可能だと力説したのである。もし良ければ、来年自分で旅費を出して、方正県に住み込んで手伝ってもいいと話すのだった。

細かい質問や疑問がいろいろ出た。長作は最後にしびれを切らすかのように、「自分にやらせてみなさい」と言うのだった。

実際にやれば本当のことがわかると力説する長作に、中国側も長作の強い熱意を感じた。

その翌日、方正県に別れを告げた。長作たちが乗ったバスを泣きながら見送る日本女性や方正県の人々を見て、長作はまた方正県に来るだろうと確信した。

中国を離れる最後の夜、長作は中国側から、来年、黒龍江省科学技術交流センターが長作を招請し、水稲栽培の拡大に長作の力を借りたいと告げられた。

長作は、日本の侵略戦争に対する償いの何万分の一でも返せればいいという気持ちもあった。しかしそれ以上に、熱心な中国の農民と一緒に米作りができることが嬉しかった。

方正県で稲作指導始まる

一九八一年（昭和五六年）四月、長作は再び方正県を訪れた。受入れ先は方正県の朝陽人民公社富余生産大隊である。ここで、藤原式の寒冷地稲作法が実験されることになった。試験田とともに、旧来通りの稲作法の田圃も対照するために用意された。今度も宿舎は県庁の招待所が用意されたが、長作は二日泊まっただけでお客様扱いされるのがいやで、普通の百姓の家で泊まり込めるようにしてくれと申し入れた。県側は驚いたが、長作の意思が堅いのを知って、かえって感動した。

宿舎として提供されたのは、富余生産大隊の老農、杜おやじの家だった。長作の部屋は六畳ほどだ。ベッドの下はオンドルだった。長作はこの百姓の家に泊まるようになってやっと落ち着いた。

すぐに長作が日本から持参した種籾と地元の種籾を、それぞれ試験田と対照田に植えた。当時中国共産党は、開放経済体制に入り、農家の生産意欲を高めようと個人生産を主体にした個人の請負制が始まった時期で、人民公社は解体されていた。そのため試験田も対照田も、農家がそれを引き受けなければできなかった。

県政府が藤原式稲作法がいいといっても、農民たちは納得しなかった。そのため政府は、もし試験が失敗しても、損失した場合はその分は県が補おう。しかし、成功して増産した場合は提供した農家の利益にしてよいと保証して出発した。その結果、数軒の農家が土地を提供した。七五ムー（約五ヘクタール）が試験田として確保された。対照田は一一七ムー（約八ヘクタール）だった。しかし、そんな経緯があろうとは、その時長作は知らない。

さっそく農民たちへの指導が始まった。旧来の直播き式より種籾が十分の一ですむ。農民たちは種籾が節約になるのを見て驚いた。ビニール布が張られ保温折衷苗代づくりは終了した。苗代を見学する人たちが増えてきた。ひと月ほどたった五月の下旬には、田植えが始まった。長作のやり方は、苗をまばらに植える。そこが旧来のやり方と違う。驚きの声が上がった。試験田を提供した者の中には、これでは米が穫れるわけがない、試験田を返上したいという意見が出た。

長作は、まばらに植えると稲の根が良く伸びる。根毛も発達するから養分を多く吸収する。だから稲はよく成長するのだと説明した。それでも彼らは納得しないので、その日の田植えは一・八ヘクタールで終わった。納得しなくても二週間すればわかるだろうと長作は思った。どこの農民も実際の目で確認しないと納得しないのは、経験上痛いほどわかっていた。昔、新しいことをしようとした時、ウメノが反対したことを長作は思い出していた。

黒龍江省からきた幹部の一人も、長作のやり方では米は穫れないだろう、いずれ尻尾を巻いて帰国するだろうと、他の農民に語っていた。しかし、六月に入ると試験田の優秀なことが鮮明になってきた。対照田より葉に艶があり、根の張り方も明らかに違う。その年は何十年ぶりかの大雨が続いたが、長作の実験田は、ますますその優秀なことが明らかになってきた。

ハルビン・テレビ局からも取材にきた。見学者も連日増えた。当初長作が予想した一〇アール当たり八俵、四八〇キロよりは下回りそうだったが、成功はほぼ間違いなかった。それに対して、対照田は生育が悪く、直播きした所では収穫が皆無の所もあった。

長作の稲作法は東北三省に知れ渡り、八六の公社と大隊、農業科学研究機関から二、〇〇〇名近い人々が見学にやってきた。

試験田を提供した人たちは、たいへんな喜びで興奮した。脱穀が始まった。収穫量は対照田の三倍である。大雨と低温という悪条件の中での成功だった。一方、返上した農民たちは、来年は自分たちを指導してくれと懇願した。長作は来年も喜んで来ることを誓った。

五か月半の方正県の滞在を終えて長作は帰国した。沢内村の人々の中には、立派な民間大使だと長作を褒めたたえた。

日中友好水稲王

次の年、一九八二年も長作は方正県に出向いた。四年連続の訪中である。黒龍江省では実験田が二一か所に増えた。三〇四ヘクタールである。去年の一七〇倍だ。今度は方正県での指導の合間に佳木斯や牡丹江へも行った。長作はどこへ行っても大歓迎された。

実験田を提供した農民たちは、請負生産制のノルマを果たした上で、なお余分に収穫ができたので、年間収入が二、三倍になろうとしていた。

農民たちの中から長作へお礼をしたいという意見が出てきていた。それがお金だと知った長作は、自分は米作りしたくて自ら望んで中国にやってきたのだ。往復の旅費を出してもらい、半年も食べさせてもらっている。申し訳ないと思っているぐらいだ。これで十分に満足していると、その申し出を断った。

国交正常化されてちょうど一〇年目のその年、国慶節の前々日の『人民日報』に長作の記事が大きく掲載された。そこには、水稲王・藤原長作と出ている。

「『私にやらせてみなさいよ』、話はすこぶる簡単だが、この言葉の中には藤原老人の深い情熱が込められていたのだ。長作は、中国から一銭ももらわず、完全な自前でやってきたのである。仮に最初が不成功であったとしても、成功するまでは決してやめないという決意で来たのだ。彼は、『中国まで来て自分の水稲栽培を伝授するのは、お金のためではない。日中友好のためにやるのだ。私は中国侵略戦争には直接参加していないが、しかし内心、慙愧の念を禁じえないのだ。私が中国にやってきて、水稲技術を伝授しているのは、一つには、中国の四つの現代化のために、いささかでも寄与したいこと。二つには、日本軍国主義の罪科の贖罪の気持ちからだ。むしろ、この老骨を中国の大地にばら撒きたい気持ちなのだ』」

張雲方記者は、「これはなんと、人の肺腑を震わせる話だろう」と書いた。

ハルビンにある黒龍江省科学技術出版社からは、『寒地水稲稀植技術』という小冊子が発行された。藤原式稲作法の手引書である。方正県寒地水稲稀植技術組編著で初版一〇万部。定価は、〇・三元である。この小冊子には、二年間にわたる長作の実験と指導、そして三年目の現地の自力による栽培を通して獲得した藤原式稲作法の真髄が、初心者にもわかりやすく書かれていた。こうして長作の技術は中国に広まっていった。部数も五〇万部にも達した。

一九八三年（昭和五八年）、方正県人民代表大会常務委員会から『方正県栄誉公民証』を贈られた。方正県の名誉県民である。

黒龍江省からは『科学技術貢献奨』が授与された。その年、ハルビンからの帰途、北京で中日友好協会の王震名誉会長、孫平化ら中央政府の要人たちと人民大会堂で会見した。その際、賞賛とねぎらいの言葉が寄せられた。

記念に大きな漆器の壺を贈呈され、夜は晩餐会にも招かれた。長作への国家レベルの際立った厚遇は、中国側の長作への高い評価と、更に藤原式水稲栽培の普及の意欲を表しているだろう。

農業軽視の日本の姿勢と違って、中国の農業に対する中央政府の関心が非常に強いことを長作は改めて思った。

それに引きかえ、米が主食だといいながら、その米を作るなという日本の為政者の姿勢に長作は我慢できなかった。

拡大する藤原式稲作法

一九八六年の訪中では、長作は山西省と陝西省へと案内された。そこでも藤原式稲作法が浸透していた。

一九八九年四月、長作は八度目の訪中を果たした。満七六歳である。その時、中国側から、長作が最初に指導に来た頃は、黒龍江省全体の農民当たりの年間所得は、六一・八元、去年は五三一元になり、ほぼ九倍になったと聞いた。これも藤原先生のお陰だ、心から感謝するという言葉に、長作はあふれるような喜びを感じていた。

その年、内蒙古自治区のハルチンチーで国家科学技術委員会主催の「水稲早育稀植技術促進会」が開催され、長作も招待された。そこでは、「日本の水稲王が、今や中国を揺り動かしている」という賞賛の言葉があった。会議の状況は、中央テレビ局の全国ネットで放送された。いかに長作の稲作法を中国が重視しているかがわかろうというものである。

この時北京から来た記者は、長作にどうしてあなたは報酬を受け取ろうとしないのかと質問した。ここでも長作は、もう子供たちも大きくなった。お金が目的だったら中国へは来なかった。私は米作りが好きなのだ。中国で米作りして、名誉を受けて、もうそれだけで大満足だと答えた。記者は、「なんとも素朴で、感動に満ちた『水稲王』であった」と『国際人材交流』という雑誌に書いた。

この訪中の最後に、長作はまたも思いもかけない栄誉を受けることになった。九月一九日の人民大会堂で、「中国政府を代表して、あなたが中国に対して果たされた大きな貢献に感謝いたします」という言葉とともに、中国国家外国専家局から栄誉証書を授与された。時の李鵬首相ら幹部と一緒に記念撮影にも収まった。レセプションでは、祝宴が始まってすぐ李鵬から握手を求められた。

翌一九九〇年、前年で中国へは最後だと思っていたのに、またも中国政府から国慶節への招待状が長作にきた。九月二七日の北京・人民大会堂で農業部部長（日本で農水省の大臣に当たる）から中国農業奨賞の表彰状をもらった。その後の宴席で、長作の生産三倍化の水稲技術は、現在一一省に拡大したことを知らされた。

思えば長い旅だった。日本の東北の極貧の家庭で育ち、骨身を削って働いて八〇年近く、その間には「米作り日本一」になり、何度も表彰された。そして今、長作の水稲技術が中国に根付いて一〇年、方正県から始まった実践は東北地方に広がり、更に中国各地に拡大しようとしている。その話を聞いて長作の感慨もひとしおだった。

永遠の休息に

それから二年後、足腰の衰えた長作は、沢内村の南にある湯田町の特別養護老人ホーム光寿苑に入った。

からだは不自由になった長作だが一九九六年、中央政府の招請で、九度目の訪中に旅立った。長作が乗る車椅子を苑長の太田受宣が付き添って押した。この旅には、長作の後を継いで方正県や甘粛省で稲作指導をした有馬富男や、何度も中国で稲作の学理指導をした佐々木亘も行動を共にした。それに、沢内村役場の職員、寮母の婦人も同行した六人の旅だった。

太田受宣は、長作をおぶって万里の長城に登った。長作は重い。受宣はその時、膝を怪我しておりサポーターをしていたので、なおさらきつい。なんとか長作を降ろしたいと思った。ところが、どう勘違いしたのか周りの外国人たちが、その姿を見て孝行息子が父親をおぶっていると思いこみ応援するのだ。受宣は長作を降ろしたくとも降ろせない。しかし、きつい。今度こそ降ろそうと思った時、長作は「前進あるのみ」と叫んだ。周りからは笑いが起こった。

やっと頂上に着いた時、長作の周囲にいた人たちから期せずして拍手が巻き起こった。その拍手の波は下の方まで続いた。受宣はその光景を見ながら、片隅で声を出して泣いた。

その二年後の夏、長作は肺炎を患い、故郷沢内村で永遠の休息に入った。一九九八年八月二五日の明け方である。享年八七歳だった。

翌々日の二七日、受宣の父、太田祖電が住職をする沢内村の碧祥寺（真宗大谷派）で葬儀が営まれた。太田祖電は中日院釈長證正定位という戒名を長作に贈った。

＊なお、この原稿の作成にあたっては、次の文献や資料を参考にさせていただくとともに、以下の方々から取材や資料の提供などでお世話になりました。記して御礼申し上げます。

参考文献

『米に生きた男』及川和男（筑波書房刊、一九九三年）

『昭和にんげん史』所収「種まく人」坂本龍彦（朝日新聞社刊、一九八八年）

『人民日報』一九八二年九月二九日）

『人民日報』海外版（一九八七年三月二四日）

取材・資料提供

鈴木俊作（元・山形県大石町助役）、藤原敏子（長作の長男の妻）、太田祖電（元・沢内村村長）、金丸千尋（日中平和友好会顧問）［敬称略］

藤原長作氏　略歴

大正元（一九一二）年12月・岩手県和賀郡沢内村で誕生。

大正14（一九二五）年・小学校卒業後、農業に従事。

昭和38（一九六三）年～55（一九八〇）年の間・沢内村農業委員会委員、同畜産振興委員会委員、同農業共済組合損害評価委員会委員、和賀地区農業共済組合損害評価委員会委員等を歴任。

昭和56（一九八一）年4〜9月・中国黒龍江省方正県で水稲栽培技術指導伝授（直播対比で九六・九％の増産）

昭和57（一九八二）年4〜10月・中国黒龍江省方正県で実験田を拡大（前年比単位当たり収量三〇kg増量産）

昭和58〜59（一九八三〜一九八四）年・中国黒龍江省方正県で稲作技術指導・藤原式稲作黒龍江省で六七万haに拡大。

昭和60（一九八五）年・中国黒龍江省方正県で稲作技術指導、藤原式稲作黒龍江省で一四〇haに拡大。他省にも普及。

平成元（一九八九）年4〜10月・中国黒龍江省方正県を中心に中国各地で農業技術指導。

平成10（一九九八）年8月25日・逝去。享年八七歳。

表彰歴

昭和31（一九五六）年、32（一九五七）年・米作日本一表彰全国競作大会増産躍進賞。

昭和58（一九八三）年10月・中国黒龍江省方正県栄誉公民賞。

昭和59（一九八四）年2月・中国黒龍江省科学技術委員会献奨。

平成元（一九八九）年10月・中国建国40周年記念特別栄誉証書。岩手県沢内村村政功１００周年労特別表彰。
平成2（一九九〇）年5月・岩手県県勢功労賞。
平成2（一九九〇）年9月・中国農業奨章栄誉証。
平成7（一九九五）年11月・日本顕彰協会・社会貢献者賞。
平成8（一九九六）年11月・岩手日報文化賞。

「方正県」との出会いとその関わり
ある一つの方正支援活動報告

大類善啓

中国東北地方において、日本とひときわ縁が深く、いわば日中友好の魂の地としての方正県に対し、多様な支援を行おうとして結成された「方正地区支援交流の会」は、いくつか名称を変えて継続した。この会も、誕生経緯を翻って見れば実にドラマティックな紆余曲折の歴史があった。本稿は、当初から末席の一人として会に関わった私のささやかな思い出であり、同時に一つの「歴史回顧」である。後に続く人々のための参考になれば幸いである。

設立の発端——ある篤志家の願い——

会の発端は、資産を持つ、ある老いた婦人がそれを有益に使いたいという志から始まった。その夫人の名前は大塚しづさんである。彼女の夫は、宗教法人「大本」の信徒で歯科医であった。しづ夫人は、医者の夫君とともに布教を兼ね、昭和の初めメキシコに赴いた。その時、大本教団の創設者である出口王仁三郎はしづ夫人に遥かかなたのメキシコを、「ちょっとそこまでや」と語ったそうである。メキシコへは当時は二か月の船旅だった。

「なにがちょっとそこなんや。聖師さんは、やっぱり変わった人や」、と後年しづ夫人は友人に語った。

ともあれ、しづ夫人は戦前戦後、中米メキシコに三〇年滞在し医院を開業する夫を支え続けた。その後、一九五一年日本に帰国した。帰国後大塚夫妻は、大本教団の地方幹部として活躍。その後、夫君も亡くなり、お子さんもなかった大塚夫人は、九二歳の高齢になった一九八八年五月の時点で、外国に定住する日系の人々に何らかの形で援助したい意思を明らかにし、財産（約五億円）の遺贈を決意された。

大塚夫人はこの意志を、親交のある大本信徒・牧野八郎氏（当時設立する財団の事務局長の予定者）に伝え、そのための計画、方法、手続きに関する一切の事項を牧野氏に委託した。牧野氏はその決意に感激、また事の重大さを思い、その基本的な構想及び処理方法などについて、石井貫一氏に意見と協力を求めた。

大塚夫人の念頭にあった対象になる人々は、中南米に在住する日系人にあるものと思われた。そこで牧野氏は、中南米事情に精通している石井貫一氏に相談した。石井氏は戦前、「満洲国」

の副県長であり、戦後は移住を中心にした中南米政策を研究、『わが国の中南米政策』の著者でもあり、中南米関係の団体理事などをしていた。

石井氏は牧野氏に対し、中南米に関する民間の各種団体は一応整備しており、新しく団体を設立する余地がないことを話した。そして今必要なのは、中国に定住を余儀なくされている中国残留邦人（孤児及び婦人）と、その二、三世及び養父母に対する支援を行う団体の設立であると語った。

残留婦人たちへの支援構想

この構想は、石井氏が日本の敗戦後、北京から瀋陽（奉天）に赴き、百万余の日本人の円満な引揚げ工作に従事した経験に基づいており、日中国交正常化以来絶えず念頭にあったことだった。日中両国政府の届かない部分に対して、民間が戦後処理を補完するという有意義な事業としての石井氏の構想だった。

牧野氏と石井氏はこの構想を持って、大塚夫妻と親交があり、また大本信徒で地方幹部でもある豊田利郎氏（財団設立に際しては副理事長予定者、一九九九年七月死亡）に報告し相談した。

豊田氏は、この構想が大本教団で聖師として慕われた出口王仁三郎の教えにも一致するものであるとの結論に達し、この件を教団の師として慕う、元・大本総長であり元・人類愛善会会長（教団組織の外郭団体として平和運動など社会活動に関わる組織）である出口栄二氏に報告し協議した。

戦前、大本教団は絶対的な天皇制国家の下、二度にわたり弾圧された宗教教団として、知識人や心ある人々から好意的かつ畏敬の念を持たれていた。

戦後も、かつて弾圧された体験を持つ故、平和運動に積極的に関わり、日本宗教界にあって、その特異な存在が象徴的な意味あいを持って各界から見られていた。

ことに出口王仁三郎（一九四八年死亡）は、戦前から日中関係について、その親善と安定的な関係の発展を望んでいた。出口栄二氏はその王仁三郎より直接薫陶を受け、とりわけ反戦平和運動に熱心だった。そのような事情もあり、出口栄二氏は一九六二年モスクワで開催された平和と軍縮のための大会に、日本宗教界の一員として参加した。その折り、中国仏教会・会長の超樸初氏と出会い、氏の招請により日本への帰途、北京を訪問した。

その北京である晩遅く、出口氏は周恩来首相と会見した。戦後日本宗教界のリーダーとして初めての周総理との会見であり、二時間に及ぶ会談になった。周首相はその際、戦前戦後の大本の活動を聞き、中国でもっと大本を知らせる必要があると、その場で立ち会った中国の新聞、雑誌関係者に語った。この会談は『人民日報』にも写真入りで報道された。

そんな経緯もあって数日後、出口氏は『人民中国』の記者から取材を受け、それは日本語版に記事として掲載された。余談になるが、およそ二〇年後、その時の『人民中国』の記者だった唐忠朴氏と私は協同で出版の仕事をすることになった。その仕事で唐氏が来日、中国への帰途大阪に立ち寄った。その折り、通訳の日本人のK君が、私が大本関係の雑誌に原稿を書いていることを唐氏に話したところ、唐氏は大本についてはよく知っており、聞けば出口栄二氏を取材したという。これはまた奇遇だとその晩、出口氏に電話すれば出口氏はちゃんと氏の名前まで記憶しており、翌日唐氏と出口氏との再会が大阪で実現するハプニングが生まれた。

さて、出口栄二氏は、豊田氏からの報告と、提唱者・石井貫一氏の構想に共感し、当面の準備活動費として篤志の寄付を豊田氏に与えられた。豊田氏はこれに勇気づけられ、同信の同志らに呼びかけ、設立に至る準備活動費を用意した。

その構想、理念は要約すると次のようなものである。

1）中国に定住する日本人（残留孤児及び婦人）、及びその二、三世、並びに養父母らその地域住民が、中国の文化、経済の発展に寄与し、ひいては日中友好増進に貢献する有為な人材を育成する。
2）そのために『友誼の場』を十ケ所建設する他、公的資金を活用する経済技術協力を実施する。
3）日本に永住する二、三世らの進学のための永続的な育英事業などを行う。というものであった。

石井氏は、この協会の趣旨、事業案の作成、政府関係機関の対外援助、及び日中関係の過去と現状などを総括し、周到な調査と方向性を示唆。主要役員人事の諒解を得るべく、まさに一年有余を日勤の形で活動した。

一方、一九八九年（平成元年）四月一〇日には、寄付行為者・大塚しづを遺贈者として（財）中国定住者愛善協会（当時の仮名称、愛善という言葉は、大本の教えの根幹を表現する。その後、日中愛善協会に改称）に寄付行為を行う旨、公証人立会いの下、公正証書を作成した。遺言執行者及び証人に、石井貫一、豊田利郎、牧野八郎、北島眞吾、吉野秀夫氏、そして私・大類も連なり、それぞれ署名した。この時、しづ夫人は同居の婦人にだき抱えられるようにしながらもお顔を見せられ、神棚に手を合わせられた。

岡崎嘉平太氏の秘話　周恩来の言葉

石井氏が奔走した結果、名誉会長には宇都宮徳馬氏（石井とは親友、京大で同期）、会長には田川誠一氏が就任することに同意された。このとき宇都宮氏は石井氏に、この構想は斬新な試みであるので、進めるにあたっては各方面に充分に配慮してやるようにと、忠告し激励された。

また長年、日中国交回復運動に情熱を捧ぎ、周総理とも親しい関係にあった岡崎嘉平太氏（財団法人・日中経済協会顧問）に会の最高顧問になってもらうべく石井氏は交渉した。石井氏と岡崎氏は親しくはないが、戦時中大陸において知り合いであった。岡崎嘉平太氏は戦争中、南京、上海の日本大使館参事官として、石井氏は北京の大使館一等書記官（官房長）として、共にそれぞれ別々に底辺における日中和平工作を進めていた関係でお互い知り合いであった。

その際岡崎氏が、「石井さん、貴方の構想は私も以前から考えていたことであり、遅きに失した感がある。しかし、これからが本番であるからしっかり頑張ってくれ！　財界方面の工作は私が引き受けるから」と石井氏に強い激励を送った。

同時に、日中国交回復の裏工作に当たり、今まで誰にも話さなかったことであるが、と前置きして、次のような秘話を明らかにされた。

「周総理が一番頭を悩ましたのは、日本に対して賠償金を放棄すると決意した後も、中国に最後まで残された多くの残留日本人を援助し支援した金額の賠償だけは譲れず、日本に請求するようにとの声が官民一同、特に人民の間からは強かった」と述べ、残留婦人のことには今後の日中間における一番難しい問題が内在しており、後々まで尾を引く問題であることを指摘された。そして、この構想の必要性と重要性を語り、今後も全面的に協力する旨約束された。残念ながらこの会談の一か月後、岡崎嘉平太氏は逝去された。財団設立の工作中、石井氏にとって最も感激し強い印象を残した話だった。

このほか、財団設立活動中、朝日新聞の当時の論説副主幹・今津弘氏と編集委員の坂本龍彦氏の両氏、また調査室の西園寺一晃氏らからは、常に適切な助言と協力があった。また、他にも思いがけない応援があり、着々と準備体制が整いつつあった。

方正県・王鳳山副県長らの来日

そんな折り、たまたま一九八九年（平成元年）一〇月、山形県大石田町の招聘により、方正県副県長・王鳳山氏、外弁室主任・王広臣氏、同副主任の陳福堂氏（通訳）が来日。これは大石田町と方正県との友好協定締結の準備と日中水稲王・藤原長作氏への表敬訪問が主要目的であったが、朝日新聞・坂本龍彦氏の斡旋で、石井氏、豊田氏、森山誠之氏（設立発起人の一人、国際善隣協会・元東北委員長）、牧野氏、大類ら関係者との会談が実現した。その際、石井氏から（1）日中愛善協会の趣旨を説明、（2）中国農業の現代化については牧野氏が提言をした。その後の懇談会等において、日本側から日本人公墓設立の詳しい由来と真相（書いたもの）を求めた。

黒龍江省方正県（一九九二年ハルビン市に合併）は、戦後の新中国で唯一の日本人公墓が建立されており、残留孤児・婦人問題などを論じる時、どうしても欠かせない中心になる地である。そこで、この地を財団設立後のモデル事業候補地の第一号とすべく、非公式に話しをした。

中国側からは、山形県との交流は出来たが、長野県との交流がない。方正県の残留日本人には長野県出身者が多いので、長野との交流を実現したい旨要望があった。

その後、王鳳山氏ら三人は、千葉県にある大権農場を視察。代表幹事の林幹男氏の詳しい説明に、王鳳山氏らは一言の質問もなく、「まるで吸取紙のように聞き入りメモを取った」（牧野氏）。聞けば、有吉佐和子の『複合汚染』の中国語訳を王鳳山氏が事前に中国で読んでおり、今日の農業の問題を熟知していたのだ。

王鳳山副県長らは帰国後、前記の事項について県幹部と協議し黒龍江省とも連絡、日本側の申し入れを受けて立つとの決意を表明され、氏自身が対日連絡担当となった。

このように両国内の準備活動は順調に進んでいた。設立準備事務局としては、一九九二年（平成四年）中に、日中両国政府及び関係機関の賛同と、更に現地の準備調査を行い、一九九二年八月の財団設立に向けて準備が進行していた。

大塚夫人の養子縁組と逝去

ところがここで思わぬ事態が生じた。一九九〇年五月一二日、九二歳の大塚夫人が逝去されたのだ。そして次のような事実が判明した。

大塚夫人が病気重体になってから、大塚夫人と大塚夫人宅に同居し介護者でもあった園藤夫妻（大本信徒）との養子縁組が、平成二年（一九九〇）三月一四日付けで行われ、園藤夫妻に遺産を遺贈する旨、署名されていたのだ。大塚夫人は当時、日大医学部附属病院に入院中であった。準備活動に奔走していた豊田、牧野両氏と園藤夫妻は熟知した間柄であったが、何等の連絡もなかった。

豊田、牧野両氏も、その点では不覚にも大塚夫人の死去まで、このことが知らされていず、まさに青天の霹靂であった。

しかし豊田、牧野両氏は、大本信徒らしく、実に恬淡として潔くこの事態の推移を認めた。

私自身は、このドラマの底に流れる人間の業、行為ということに改めて思いを巡らすばかりだった。

こうした中で、当初からこの活動を支援してきた大本信徒グループの中からも、当時大本教団の教主争い（裁判にもなった）の渦中であったこともあり、不協和音が囁かれてきた。このあたりについては、宗教教団特有の後継者争いや権力争いなど、外部の人間には窺い知れない複雑な感情のもつれも起因していた。この点については私は今でも豊田、牧野両氏にいたく同情の念を禁じ得ない。

そこで発起人代表、相続権者、支援宗教者グループとの間の折衝などが極秘裏に進行したが、一九九〇年（平成二年）一一月一一日の相続税申告の時期までに、その調整がつかなくなった。

発起人の中には優秀な弁護士をつけ訴訟を起こすことを主張する者もいた。そうなれば、法律的には養子縁組が優先するが、寄贈者は入院中で重体であり三月一四日の養子縁組の時点において、果たして大塚しづ夫人の意思決定の判断能力有無が問題になり、医師の証明が必要となる。そうなれば裁判になる。残留日本人問題で裁判沙汰になれば、正邪善悪は別として内外の物笑いにもなることは必至と考え、発起人代表三名（石井、豊田、牧野）は、涙をのんで、同年一一月事務局の閉鎖を決意。協会設立への活動及び運動の展開は挫折、頓挫してしまった。

「三年前、私たちが協会設立を思いたった理由は、遺産を人道的事業に役立てたいという篤志家大塚しづ氏の遺産を母体にして、中国残留孤児の養育に厚くしてくれた養父母や地域社会に感謝の気持ちを示したいということにありました」。「事をなす上での展望と着手において、とりわけ私たち発起人の不明と不徳とを深く痛感せざるを得ません。幾重にもお詫び申し上げます」という詫び状は、日中愛善協会（会の名称はこの時点ではこう変わっていた）設立準備委員会・発起人代表として、石井貫一氏、豊田利郎氏、そして事務局長・牧野八郎氏の名で協力関係者に発信し、石井、牧野氏ら主要関係者は断腸の思いで事務局を閉鎖した。

会再興の声広がる

一九九一年（平成三年）になると、各方面からこの崇高な理念と構想を再現したらどうかという声が高まってきた。また、方正県からも再建してほしいという声が上がってきた。規模を小さくし対象を方正県一か所にしぼって実施してはいいのではという意見が出てきた。そして、一九九一年五月、劉副県長一行の来日を機に、ハルビン市方正地区支援交流の会が設立された。

一九九一年、王鳳山氏より再度、石井氏と森山氏に、「方正県の残留者には長野県出身者が多いから、なんとか長野との交流をつなげてほしい」との連絡が入った。そこで、石井、牧野氏らは奔走。牧野氏と学校法人・小山学園長野研修センター長・平沢信夫氏が主となり、長野県の訪中団（方正県との交流）を組織した。そして、㈳長野県農協地域開発機構常務理事・山川伊一郎氏、主任統括部長・林隆志氏、戸隠村助役・鈴木喜公氏、平沢氏らが、長野在住の中国人・劉莉女士を伴い方正県を訪問、日中農村経済交流発展について、双方は覚言に署名した。

方正県・陳福堂さんの日本留学

陳福堂さんに最初に出会ったのは前述したように一九八九年一〇月のことだった。その前年より私は日本語学校を友人と設立し新たな活動に入っていた。私の新しい日本語学校の名刺を見せると、王鳳山氏が「陳さんは日本に留学したいんだよ」と私に話しかけた。

通訳で来日した陳福堂さんはもちろん日本語はできる。

ハルビンにある黒龍江大学で日本語を学んだ経験もある。しかし、日本での生活体験は全くない。日本で日本語をもっと勉強したい気持ちは私にもとてもよくわかった。

その話題はその場で終わったが、牧野氏が王鳳山氏一行を成田空港で見送った際、王鳳山氏から正式に陳福堂さんを日本に留学させたい、ぜひ応援してくれという話になった。

もちろん私は日本語学校で受け入れる準備をした。が、当時は今と違って、法務省入国管理局の審査がとても厳しい時代。まして陳さんはすでに三〇歳を越えていた。入管局も基本的に二〇歳代の若い青年を受け入れる体制である。身元保証人制度もあった時代だ。

しかし、牧野氏は全力を上げて奔走した。私もぜひ入学させたいと万全の書類を整え、無事日本留学の審査に合格した。一九九〇年一〇月に入学した陳さんは、学生の中では一番年長だったが、人柄もおおらか、がつがつアルバイトに精を出す学生ではない。クラスメートの学生はもちろん、先生方からもその人柄は一目置かれていた。子供たちを苦労して育てた母の思い出を綴った作文は、職員の中でも涙を誘い、「もうこんな人は日本の若者にはいないわね」と話題にもなった。

陳さんは二年の日本留学を終え、九二年の秋無事帰国、方正県の外事弁公室で更に磨きをかけた日本語で残留婦人たちとの対応や対日関係の仕事に戻る一方、王鳳山氏を校長として設立された市立方正日本語学校の副校長として活躍の舞台を広げた。

王鳳山氏の再来日

一九九二年一〇月、日本側の招聘により方正県から県長代行の県常務委書紀・鄭洪徳氏、県人代常務委主任・由広恒氏、県人代常務委副主任・王鳳山氏らが来日した。そして、一一月一日東京の私学会館において、方正県との友好交流シンポジウムが開催された。

テーマと講演者は次の通りだ。

一、ハルビン市方正県の現況と展望　鄭洪徳

二、方正県日本人公墓建設の経緯　王鳳山

三、日中農村発展交流の意義　石井貫一

四、日本人公墓の顕彰について　森山誠之（社）国際善隣協会・元中国東北委員長

五、方正県友好交流の灯をかかげて　堀越善作（立正佼成会・嵐山会会長）

六、方正県農村見たままと所感　山川伊一郎

このような活動を通して、日中愛善協会設立の趣旨と理念を再認識し、活動の拠点を方正県にしぼり、『方正地区支援交流の会』として発足した。そして公的支援としてODAの活用方途、NGO団体としての支援方途を調査研究するということで意見の一致をみた。その後、都立衛生研究所・食品添加物研究科・風間成孔科長から、漢方生薬の入手依頼。中国当局に認可された方正日本語学校（校長・王鳳山、副校長・陳福堂就任）への支援、ODAによる支援など、石井貫一氏は八〇歳の高齢を押して連日、政府関係機関へ奔走。何度か随伴した牧野が「老僧の辻説法を見

る思い」と感嘆するほどだった。

一九九三年、劉慶有・副県長一行が方正県経済貿易代表団として来日した。この機会をとらえて同年五月二一日、日中友好会館において、ささやかながらハルビン市方正地区支援交流の会・設立総会を開催して正式に発足した。また、石井、関洋一（元・JICA職員）、牧野氏らは、一九九四年春（平成六年）、ODA実施予算案として詳細な概算申請書を国際協力事業団（JICA）に提出した。そして、方正地区支援交流の会は、副題として、「住民福祉の向上（NGOを想定）と産業発展（ODAを想定）のための支援交流を行う会」とすることを確認した。

初の方正県訪中団

一九九三年七月、日本から第一次方正県訪中団を送った。豊田利郎氏を顧問、牧野八郎氏を団長として、林幹男氏（大権農場代表）、大類善啓（当時、日本語学校校長）、董殿義、徐誠、李国軍（東京在住の方正県出身の華僑たち）氏らが、方正日本語学校開校記念寄付金、日本人公墓の維持管理基金預託金、公墓参詣者に配布する参詣符のサンプルを持参して参加した。

現地の方正県ではかつて大権農場に研修生として来日していた金永春、韓嘯氏二人が吉林市から通訳として参加した。

現地では劉慶有・副県長、王鳳山、由広恒、王治国（弁公室主任）、王広臣、陳福堂氏らが会議に参加した。また、林幹男、李国軍氏らは現地の有畜複合農業、環境重視の有機農業を研究テーマにして現地の農場を視察。牧野、董殿義らは、サイクロデキストリン研究のため方正生物化工廠を視察した。

豊田、大類らは、方正日本語学校を視察した。王鳳山氏に案内された日本語学校では、三〇人近い生徒が熱心に学習していた。半分近い生徒は残留婦人二、三世の子弟だった。

二人の熱心な先生が教壇に立たれていた。その一人はもうすぐハルビンの方に移るとのことだった。私は、東京で運営に携わる日本語学校でも更に日本語を教える体制を充実させ、熱心な生徒に応えるようにしなければと見学後改めて思った。

一八日、全員で日本人公墓を参拝。牧野氏が祭主になって神式による清祓・慰霊式を行った。

帰途、ハルビンでハルビン市農政担当副市長・張松嶺氏らと会見。ハルビン市とＪＩＣＡ間においてＯＤＡ協定を結ぶことに意見の一致をみて帰国した。

あとがき

二〇〇五年に「方正友好交流の会」を立ち上げ、年に二回、「星火方正」という会報を編集し発行している。近年、たいへん好評で、「週刊金曜日」の前編集長だった小林和子さんから、「この充実した会報が会費とカンパでできているなんて本当に驚きです」という手紙をもらったのはもう五年ほど前だったろうか。ともかく嬉しかった。まぁ苦労のし甲斐があるというものだと思っている。

しかし正直に言えば、最後の編集段階になると本当にくたびれてしまい、「もうこの号で最後にしよう」と思ってしまう。それというのも一人でやっているので疲れてしまうのだと思う。しかし原稿の校正、直しなど手伝ってくれる仲間もいて、なんとか救われているというのが本当のところである。

さて、その会報の読者の中から、時に『風雪に耐えた「中国の日本人公墓」ハルビン市方正県物語』を入手したいのだが、なんとかならないか、というメールを何度かもらったことがある。

どこでこの本のことを知ったのだろうと思ったが、この本は、二〇〇三年四月に発行したものであり、今や発行した出版社もない。

ともかく方正友好交流の会の前身である「ハルビン市方正地区支援交流の会」がまだなんとか生きていた頃である。この会のこと、またこの会が成立した経緯などについては、本書で私が〈「方正県」との出会いとその関わり　ある一つの方正支援活動報告〉に詳しく書いたのでお読みいただきたい。

思えば、その会、そしてその前身の活動について尽力された石井貫一氏、木村直美氏、牧野八郎氏、そして日本人公墓建立の契機を作った松田ちゑさんのことを詳しく書かれた奥村正雄氏もすでに鬼籍に入られている。当時のことを知っているのはもう私しかいないのではないか、と思う。

我々はこの本が表紙も裏表紙も赤い色でできているので、仲間うちではいつも、「赤い本」と呼んでいたが、この本の誕生も紆余曲折を経て、まぁ難産だったと言えるだろう。しかし改めて思うのだ、実に貴重な原稿が掲載されているのである。

まず、「天を恨み　地を呪いました――中国方正の日本人公墓を守った人たち」という奥村正雄氏の原稿である。残留婦人にならざるを得なかった松田ちゑさんの人生、累々たる白骨の山を見つけて、「なんとか私たちで葬ることはできないか」と同じ残留婦人の佐藤栄さんと話し合い、松田さんは翌日一人、方正県政府を訪ねて願い出たのである。その願いは県からハルビン市、北京の中央政府、陳毅外相、周恩来総理にまで行き、周恩来総理の決断によって日本人公墓が生まれたのである。

もちろん陳毅、周恩来も今はいない。松田さんも黄泉の国の住人である。この松田さんの人生を聞き取り、彼女の人生をまとめた奥村さんの業績は今思えば、本当によく書かれたものだと思う。私も奥村さんと一緒に松田さんを訪ね、その後、すぐに松田さんからお手紙をもらったことも本当に懐かしい思い出である。

また、私が書いたので気が引けるが「水稲王　藤原長作物語　中国の大地に根づいた日中友好の絆」も実に貴重な記録だと思っている。

日中関係はその時々の政治状況によって、紆余曲折を経て、時に厳しく、時に明るい時期もあるが、常に波がある。そういう中にあって、藤原長作さんのような人間がいたのだ、と多くの人たちに知ってほしいと思う。

また、方正県の中日友好園林には、二つの日本人公墓があるが、その園林の中には藤原長作記念碑が建っていることも記しておこう。

かつてハルピンのホテルで黒龍江省の外事弁公室の人と食事をしていた時、その人が「今、中国の人もこんなおいしいコメ、ご飯を食べていますが、これも藤原長作さんのお陰ですよ。中国の人はみんなそのことを知っています」と言われて驚いたことがあった。あれから何年経つだろうか。今の若い中国の人たちは藤原さんの名前を知っているだろうか。

ともかく編著者として自画自賛になるが、ぜひ多くの人にこの本を手に取っていただき、戦後の日中関係における貴重な記録を読み取っていただきたいと思う。なお、冒頭の大類の二編は、本書のために書き下ろしたものであり、後の全ての原稿は、『風雪に耐えた「日本人公墓」ハルビン市方正県物語』に収められた原稿である。

最後に、「赤い本」を復刊しようと申し出てくれた批評社の代表で編集者の佐藤英之さんには心から御礼の言葉を述べたい。また編集者の渋谷一樹さんにはいつもながらお世話になり、感謝申し上げます。どうもありがとうございました。

著者略歴
大類善啓（おおるい・よしひろ）
1944年生まれ。法政大学文学部哲学科卒業後、欧州、中東、アジアで遊ぶ。その後、週刊誌記者、フリーライターなどを経て79年以降、中国との交流に関わる。
現在、一般社団法人日中科学技術文化センター常勤理事。また、中国ハルビン市郊外の方正県にある日本人公墓（1963年、周恩来総理の認可の下、建立された）の存在を通じて、日本の中国へ加害と被害の実相などを伝えてゆこうと2005年、方正友好交流の会を立ち上げ、理事長として会報『星火方正』を編集発行している。
著書に『ある華僑の戦後日中関係史 ― 日中交流のはざまに生きた韓慶愈』（明石書店、2014年）、『エスペラント ― 分断された世界を繋ぐ Homaranismo』、『タンゴ タンゴ タンゴ』（批評社）、共著に『風雪に耐えた「中国の日本人公墓」ハルビン市方正県物語』（東洋医学舎）、『満蒙の新しい地平線　衛藤瀋吉先生追悼号』（満蒙研究プロジェクト編集委員会編）などがある。

「満蒙開拓民」の悲劇を超えて

2024年6月10日　初版第1刷発行

著者……大類善啓

装幀……臼井新太郎

発行所……批評社
〒113-0033　東京都文京区本郷1-28-36　鳳明ビル201
電話……03-3813-6344　fax.……03-3813-8990
郵便振替……00180-2-84363
Eメール……book@hihyosya.co.jp
ホームページ……http://hihyosya.co.jp

印刷・製本……モリモト印刷㈱

乱丁本・落丁本は小社宛お送り下さい。送料小社負担にて、至急お取り替えいたします。
ⓒ Ohorui Yoshihiro 2024 Printed in Japan
ISBN978-4-8265-0746-2 C1021

JPCA
日本出版著作権協会
http://www.e-jpca.com/

本書は日本出版著作権協会（JPCA）が委託管理する著作物です。
複写（コピー）・複製、その他著作物の利用については、事前に日本出版著作権協会（電話03-3812-9424，e-mail:info@e-jpca.com）の許諾を得てください。